大阪の選択

なぜ都構想は再び否決されたのか

善教将大 著
Zenkyo Masahiro

有斐閣
yuhikaku

目　次

第 III 部 課 題

序 章
2度の否決をめぐる謎の解明に向けて

投票日前のなんばパークス

　2020年10月31日午後7時。明日が2度目の住民投票の投票日だからだろうか，維新の街宣車が停まっているなんばパークスの交差点には人だかりができていた。大阪維新の会代表の松井一郎は街宣車の上で，二重行政の無駄を廃止するための大阪都構想の必要性を訴えていた。一部の反対派の乱入もあったが，その場は松井を応援するムードに包まれていた。

　街頭演説の恒例行事となっていた質疑応答の冒頭で，街宣車の前にいた男性が手を挙げ，発言した。

> 「松井市長に仰っていただきたいのは，都構想が成立しなかったらやめられるってことじゃなくて，都構想が成立した際は，松井一郎は成功するまで大阪市民と一緒に今までどおり体を張って頑張っていきます，だから信用してください，そういう言葉がほしいんです」

　ここは維新にとって最後のひと押しの場だ。今の松井は信用されていない。だからそのための言葉がほしい。質問した男性にはそういう想いがあったのかもしれない。

　維新の街宣車から向かって左手に，グレーのパーカーを着た男性がいた。2人の子どもと生まれたての赤子を抱えた女性のそばにいたその男性は，松井に質問したいことがあったのか，質疑応答が始まった直後から手を挙げ続け，ときには両手をふり飛び跳ねるなど，当ててもらおうと躍起になっていた。

　見かねたある女性が「松井さん，この人さっきから手を挙げ続けとるよ！」と声をかけ，松井はようやくその男性に気づいた。これからしようとする質問の内容が批判めいたものだったからだろうか，その男性の面持ちはややこわばっていた。

　　「広域調整を行うときに人と人との関係と仰っているのですが，政党で意思決定を縛っているから広域調整できていると考えています。市長と府知事だけではなく，当然，議会の同意も必要です。維新という政党でまとまっているから府市間調整が行えているのです。大阪府と市を1つにまとめるときに政党でまとめているのが現状だと思います。明日，維新がなくなるとかならわかります。でもそれは想像できない。なぜ大阪市を廃止しなければならないのか。わからないのです」

　もしかしたら明日，大阪市は廃止されるかもしれない。それは本当に正しい選択なのか。都構想が大阪府市間の調整問題という難問を放置し続けた政治の機能不全に起因するのであれば，政党を，つまり政治を機能させるための条件に目を向けるべきではないか。この男性の質問には，そのような想いが垣間見られた。

再度の都構想否決という謎

　2020年11月1日午後10時50分頃，反対票が賛成票を上回ることが確実という速報が一斉に打たれた。住民投票の結果はこの速報どおり，賛成67万5829票（49.4%），反対69万2996票（50.6%）となった。2015年に引き続き，僅差での都構想否決だった。

　速報が打たれた直後の記者会見で松井は，市長任期をまっとうしたあとに，政界を引退する意向を表明した。同時に，日本維新の会の代表は当面継続するものの，大阪維新の会の代表については辞任する意向を表明した。現在，大阪維新の会の代表は，松井とともに維新を牽引してきた吉村洋文大阪府知事となっている。

　2020年の住民投票の結果は，2015年のそれと同じく僅差での反対多数である。そのためだろうか，「どうせ同じことが繰り返されただけだ」という声を耳にすることもある。たしかに結果はかなり似ている。しかし2015年と2020年の住民投票の間には，その過程や内容において天と地ほどの差があった。

　2015年の特別区設置住民投票を振り返ろう。このときは，都構想を推進する維新とそれに反対する反維新という対立構図だった。公明党は住民投票の実施には賛成したものの，都構想にはあくまで反対だった。維新以外の政党や政治家は「都構想反対」という御旗の下，一般市民も巻き込みながら一丸となって維新に抵抗した。住民投票の投開票前の世論調査でも反対が優勢だった。その状況下で維新は猛追を見せるが，最後の最後で大阪市民は踏みとどまった。

　しかし2020年の住民投票の構図は，2015年のそれと大きく異なっていた。まず，2019年の大阪市長・府知事クロス選で維新が圧勝したことを受け，公明党は都構想に賛成する方向へと舵を切った。

さらに一部の自民党の府議も，都構想に賛成する意向を表明し，最終的には反対へと一本化されたものの，自民党大阪府連は一枚岩になりきれない状態だった。政治的な決着はついており，残すは大阪市民からの賛同を得るのみだった。

では，肝心の民意はどうか。じつは，2度目の住民投票の実施が確定した直後，大阪市民の多数は都構想に賛成する意向を表明していた。住民投票の実施が確定した時期に行われたどの世論調査の結果も，賛成が反対を上回っていた。コロナ禍で吉村が評価を高めたことも，賛成多数への後押しになると見られていた。住民投票の実施が確定した9月上旬は，住民投票を実施することに対しても，否定的な意見は相対的には少なかった。

維新のリベンジに向けての舞台装置は完全に整っていた。反対派の議員や市民の中にも，さすがに今度は賛成多数になると諦めていた人はいた。そう思ってしまうほど，賛成派が当初は圧倒していた。

2度にわたる反対多数という結果をどう理解し，説明すればよいのか。改めて指摘するまでもなく，維新は大阪で多数の有権者に支持されている。それは住民投票後においても大きくは変わらない。維新の強い大阪で行われ，さらに圧倒的優勢という状況だったにもかかわらず，住民投票の結果は反対多数になったのである。

住民投票後，多くの論者や識者が反対多数になった理由を説明した。そこでは，反対運動の成果だ，メディアのネガティブ・キャンペーンだなど，さまざまな理由があげられている。しかし，その多くは十分な根拠にもとづくものではない。くわえて，序盤の賛成優勢から中盤の賛否拮抗へ，そして終盤の賛否逆転という一連の推移を踏まえた説明にもなっていない。

なぜ，再び都構想は否決されたのか。本書は，この依然として未

解明の謎（puzzle）の解明を主たる目的とするものである。

維新政治をめぐる世論を解明する

　ある登山家は，なぜエベレストに登りたかったのかと問われたときに「Because it's there（そこにそれがあるからさ）」と答えたそうだ。そこに知的好奇心を揺さぶる未解明の謎があれば，それを解明したいと思うのは世の常だろう。

　住民投票には多くの謎がある。なぜ住民投票の序盤では賛成優位だったのか。なぜ賛成優位から賛否拮抗へと世論は推移したのか。なぜ終盤で賛否が逆転したのか。再度の都構想否決という謎を解明するには，これらの謎の1つ1つを丁寧にひもといていく必要がある。本書では第II部で，住民投票が再度の否決に至ったメカニズムを解明する。

　もっとも，住民投票だけを見ればいいわけではない。そこに至るまでの背景事情にも十分に目配りしなければ，大阪市民の政治選択のメカニズムを，さらにいえば日本の地方政治が抱える構造的問題を理解することはできない。本書の第I部では，住民投票「前夜」として，2度目の住民投票に至った背景を分析する。

　さらに本書では，住民投票後の大阪に残された課題も議論する。約10年大阪で続いてきた維新政治は，大阪の政治や社会にさまざまな影響を及ぼした。その中には肯定的に評価できる点もあれば，批判的に検討しなければならないものもある。では，それは何か。本書の第III部では，住民投票後の大阪が抱える課題を指摘する。

　この本の下敷きとなっている筆者の前著についても簡単に紹介しておこう。筆者は2011年頃に，ひょんなきっかけで維新支持の分析を始めることになった。それから10年近く，意識調査を継続的

に実施し，分析結果を学会報告や学術論文としてまとめ，公表し続けている。2018年に上梓した『維新支持の分析——ポピュリズムか，有権者の合理性か』（有斐閣）は，筆者の2017年までに行った調査結果にもとづきつつ，大阪で維新が支持されるメカニズムと2015年の住民投票で反対多数になった原因の解明を試みたものだ。

前著の理論枠組みや問題意識は本書にも受け継がれている。たとえば前著で筆者は，有権者の意思決定のメカニズムを（限定）合理的に捉える立場から分析した。本書でも，基本的には同様の枠組みで有権者の意思決定過程を分析している。その意味で本書で説明する維新支持の特徴や論理に関する説明は，前著のそれと大きく異なるものではない。

以上を前提としつつ，しかし本書は，前著の議論を単純に繰り返すものでは決してない。本書は前著で十分に議論できていなかった多くの点をカバーしたものとなっているし，主張は同じでも前著で使用していない意識調査を用いたり，異なる分析視角から前著の分析結果の妥当性を再検証したりしている。前著とあわせて本書を読むことで，維新をめぐる世論への理解は一層深まるだろう。

データ分析の面白さ

本書の最大の特徴は，可能な限り数量的なデータを用いた分析にこだわる姿勢だ。データ分析にはさまざまな利点がある。よく語られるのは客観性がある，中立的な結果を得ることができるといった点だろう。数量的な分析結果が唯一無二の「正しい」実態を伝えるわけではないが，現時点でもっともありうる解答を推論するうえで，計量分析が強みをもつことは間違いない。

くわえて筆者は，データを用いた数量的な分析は，ものの見方の

幅を広げてくれるとも考えている。私たちに見えている世界の幅は存外狭い。狭い視野の中で考えごとをすると，どうしても新しい発想が生まれにくくなる。自分の考えが「正しい」ものにしか見えず，自分とは違う発想を拒絶してしまう危険性もある。

　データ分析の結果は，しばしば分析者の意図を裏切る。しかしそれは悪いことではない。自身の凝り固まった思考を解きほぐし，その幅を広げるきっかけになるからだ。自分を変えるきっかけを与えてくれるところにも，データ分析の意義はある。

　本書は，その意味で淡々とデータ分析の結果を羅列するものではない。**通説として何が語られているのか，それは分析結果と整合するのかといった地道な検証作業を積み重ねながら，自分に見える世界の幅を少しずつ広げていく**。そのような本となるように，議論の展開などにさまざまな工夫を施している。新たな事実を発見する面白さや，自身の見方の幅が広がっていく喜びが，読者のみなさんに少しでも伝わればと思う。

　なお，本書では「箸休め」となる **Column** もいくつか用意している。維新を支持する人の生の声，コロナ禍の選挙管理，世論調査方法論をめぐる課題など，本論で扱えなかった内容の一部をここで紹介している。ぜひ **Column** にも目を通していただきたい。

意識調査の概略

　本書で用いる意識調査の概略について説明しておこう。**本書では主に2つの意識調査を用いて大阪市民の政治意識や行動を分析している**。第1は2019年大阪市長・府知事クロス選後に実施した意識調査である。第2は2020年の住民投票前後に実施した意識調査である。ともに，株式会社楽天インサイトのモニターに登録している

大阪市在住の，18歳以上79歳以下男女を対象としており，関西学院大学「人を対象とする行動学系研究倫理委員会」の承認を受けて実施したものである（承認番号 2019-01, 2020-43）。

2019年に実施した調査は2019年5月17日から23日にかけて，Qualtrics（クアルトリクス）という意識調査を補助するシステムを用いて，オンライン上で実施した。有効回答者数は1415人である。性別（男性／女性）と年齢構成（20代以下／30代／40代／50代／60代以上）を，国勢調査のそれと一致するように調整しながら回答を回収した。本書ではこの調査を2019調査と呼ぶ。

2020年に実施した調査はパネル調査である。パネル調査とは，同じ人に継続して実施する調査をいう。本書ではこれを2020調査（前）と2020調査（後）と呼ぶ。

2020調査（前）は，2020年10月5日から7日にかけて，2020調査（後）は2020年11月2日から6日にかけて，Qualtricsを用いてオンライン上で実施した。有効回答者数は，2020調査（前）が2703人，2020調査（後）が2100人である（脱落率：22.3%）。なお，2019調査と同様に，性別と年齢構成が国勢調査のそれと一致するように調整しながら回答を回収している。

これら2つの意識調査の回答者は，選挙人名簿などから無作為抽出されたものではない。また，性別と年齢の分布についても，国勢調査と若干のズレが生じていた。そのため傾向スコア（厳密にはエントロピーバランシングスコア）を用いて補正することで，結果の妥当性を向上させることにした。スコアを作成する際に用いた変数は，性別（男性／女性），年齢（18-29歳／30-39歳／40-49歳／50-59歳／60-69歳／70歳以上），大阪市長選での投票行動（松井／柳本／棄権・その他）である。

　最後に本書では，多くの計量分析を行っているが，数値等のすべてを載せると煩雑になってしまうため，重要な結果だけを図として可視化するように工夫している。分析結果の詳細は，別途，補足資料に整理しているので，詳細が知りたい方は以下の URL，QR コードからアクセスしてほしい。

───── 本書の Online Appendix へのアクセス ─────

http://contents.yuhikaku.co.jp/n1bu/14939/Online_Appendix/index.html

第 I 部

住民投票「前夜」

「大阪府知事選挙・大阪市長選挙討論会」で色紙を掲げる知事選出馬予定の吉村氏と小西氏，市長選出馬予定の松井氏と柳本氏。（写真：毎日新聞社/アフロ）

第**1**章

意外と緩い？ 維新支持の特徴

　大阪の維新支持は固く，安定しているという人がいる。大阪市長・府知事選などで維新の候補者が勝ち続けているところから，そのようにいうのだろう。しかし維新支持がどのような特徴をもつのかについて，データにもとづき分析されることは稀だ。第1章では 2019 調査と 2020 調査（前）を用いて，維新支持の特徴を①可変性，②強度，③多様性という3つの観点から分析する。その結果，維新支持は意外にも緩い態度であることが明らかとなる。

---

1 維新支持者の特徴とは

　筆者は政治学者である。学者というと真面目という印象をもつ方が多いように思うが，筆者はどちらかというと不真面目なタイプの人間だ。しかし，維新を支持する（あるいは支持しない）有権者の意識や行動については，実証研究を比較的真面目に積み重ねてきたという自負はある。

　政治学者で維新支持をデータにもとづき研究する人はそれほど多くないこともあり，筆者はメディアから維新支持に関する取材を受けることもあるが，そこでよく聞かれる質問がある。「維新を支持しているのはどのような人たちなのですか？」という質問である。

　おそらく記者の方は，特定の属性や考えをもつ人たちが維新を支

持していると考えているのだろう。しかし筆者は，性別や年齢など
のデモグラフィーと呼ばれる人口統計学的特徴から，維新支持者の
特徴を論じることは難しいと考えている。維新支持の背後に特定の
論理があることは事実だが，それは性別や年齢に還元されるもので
はないからだ。

　もう少しこの点について説明しておこう。維新を支持する人に性
別や年齢の偏りがあることは事実だ。たとえば女性より男性のほう
が維新を支持する傾向にある。また，男性の中でも 30 代や 40 代に，
相対的に支持者が多い特徴もある。

　しかし，これらの特徴のみで維新支持の論理を考えることは慎重
であるべきだ。**なぜなら維新支持の最大の特徴は，性別や年齢の偏
りではなく地域的な偏りだからだ。大阪を中心とする関西圏に支持
者が多いことが維新支持の最大の特徴である。**地域とは関係がない
性別や年齢に注目すると，かえって維新支持の論理が見えづらくな
る。なぜ「大阪」で維新が支持されているのかを考えることが，維
新支持を理解する際には重要となる。

　くわえて，実際に維新支持の特徴について実証的に分析をしてい
る論文で（伊藤理史「2011 年大阪市長・府知事選挙における投票行動の規定
要因分析——有権者の階層に注目して」『年報人間科学』37 号，2016 年など），
性別や年齢，学歴などと維新支持の間には強い関連性はないことが
明らかにされている。高学歴層や高収入層が維新を支持していると
いう人もいるが，少なくともデータからそれを強く裏付ける結果は
得られていない。

　一言で維新支持の特徴をいえば「緩い」だ。つまり不安定で，強
度が弱く，支持者内の均質性に欠ける。これが維新支持の特徴であ
る。この維新支持態度の特徴は，住民投票の結果がなぜ反対多数に

なったのかを理解する鍵でもある。

　維新支持は緩いというと「何をバカな！」と思う人もいるだろう。たしかにおかしな話である。大阪で維新が勝ち続ける理由は，維新に投票し続ける大阪市民・府民がいるからだ。維新支持はとても強固で安定的だと考える人がたくさんいても不思議ではない。しかしデータを見る限り，維新支持の特徴は固さではなく緩さなのである。

　本章ではこの維新支持の緩さを，意識調査を用いた分析から示していく。具体的には維新支持を①時間的変動，②態度の強度，③支持層の多様性という 3 つの観点から分析し，これまで十分に明らかにされてこなかった維新支持の実態を浮き彫りにする。

　結果を先取りして述べておくと，**維新支持の特徴としては次の 3 点を指摘できる**。第 1 に維新支持は短期的に変わりやすい。潜在的に変わりやすいだけではなく，実態としても維新支持率は変動しやすい。第 2 に維新支持の強度は弱い。維新支持者の大半は弱い支持者であり，熱心な支持者の割合は小さい。第 3 に国の政治か大阪の政治かで，維新を支持するかどうかが変わる。言い換えると，大阪の政治で維新を支持する人の多くは，国政だと維新を支持せず他の政党を支持したり，無党派だったりする。

2　投票行動と政治的態度の関係

　先ほど筆者は，維新の候補者に投票し続けている人が多い現状を述べつつ，それでも維新支持は不安定だと指摘した。「この人は何をいっているのか？」と思われているに違いない。しかし，投票結果から有権者がもつ潜在的な態度を特定することは至難だ。この点を理解するには，因果推論のルールを知る必要がある。

　因果関係を分析する際，守らなければならないルールがいくつか
ある。ここでは次の 2 つのルールを紹介する。なお，本書ではこれ
ら 2 つを因果推論のルールと呼ぶことにしている。

　因果推論のルールは次のとおりである。**第 1 に因果関係は原因→
結果という方向で検証しなければならない。第 2 に因果関係は変化
を前提とする。**本章の文脈で重要なのは第 1 のルールだが，第 2 章
以降の分析では第 2 のルールも重要になる。

　抽象的で少しわかりづらいかもしれないので，具体例で説明しよ
う。因果関係とは一般に，他の条件を一定にしたうえで，ある事象
(X) が変化したときに，別の事象 (Y) も変化するような関係をい
う。たとえば他の条件が固定された状態で，投票所を 1 カ所から 2
カ所へと増やしたときに（X_0: 1 カ所→X_1: 2 カ所），投票率が 50% か
ら 55% に増えたら（$Y_{X=0}$: 50% →$Y_{X=1}$: 55%），投票所の数と投票率
の間には因果関係があるといえる。

　ここで「投票率が 5% 増えた」という結果しか知らないとき，原
因を特定できるかを考えてみてほしい。投票所の数が増えたことを
知っている人なら，それが原因だというだろう。しかしそれを知ら
ない人はどうだろうか。政治関心が高くなったから，接戦選挙だっ
たからなど，さまざまな「仮説」をあげるだろう。しかしどれだけ
仮説を示しても，原因を特定することはできない。わかっているの
は「投票率が変わった」ことだけで，それがどの原因の変化による
のかは最後までわからない。だから因果関係は原因→結果という方
向性で検証しなければならないのだ。

　次に第 2 のルールについて説明する。「政治関心が高い状態が維
持された」ときに「投票率が 5% 増えた」とする。こう聞くと「政
治関心の向上が投票率を上げた」と思うかもしれない。しかし，こ

の場合，政治関心と投票率の間に因果関係はないと判断しなければ
ならない。なぜなら政治関心は変わらない一方で，投票率は変わっ
ているからだ。一方が変化し，他方も変化するという共変関係は，
例外となる場合もあるのだが，因果関係があると主張するための条
件の 1 つだ。

　遠回りとなったが，投票行動と維新支持の安定性の関係について
述べたい。重要なのは，結果から原因を特定できないという第 1 の
ルールである。ここでいう結果とは有権者の投票行動であり，これ
は維新支持との関係から見たとき，原因ではなく結果である。その
ため第 1 のルールにしたがえば，投票行動から維新支持の特徴につ
いて言及することはできないとなる。投票行動を見て，その行動の
背後にある有権者の態度を論じることは「ご法度」だからだ。

　もちろん，第 1 のルールにも例外はある。たとえばある 1 つの原
因しか結果を説明できないことが証明されている場合，結果から原
因を特定できる。しかし，投票行動の規定要因は多様なので，その
背後にどのような原因があるかは，第 1 のルールに示されていると
おり，原因→結果という方向で検証しなければわからない。

　私たちは自覚的あるいは無自覚的に，結果から原因を推論する。
しかしそれは残念ながら，「当たるも八卦，当たらぬも八卦」程度
の推論に過ぎないことが多い。**維新に投票し続ける有権者の実態が
あるとしても，そこから維新支持の特徴が見えるわけではない。**維
新支持の特徴を知りたければ，有権者の態度をじっくりと，データ
にもとづき分析するしかない。

　では，どのように分析するのか。本章では，①維新支持率の時間
変動，②維新支持の強度，③政治レベルの違いによる維新支持率の
変化を分析していく。

それぞれの点を詳しく説明する。第1は時間変動である。維新支持は緩いというのが筆者の主張なのだから，維新支持率は時間的に変動しやすいと考えられる。したがってこの点を分析する必要がある。第2は強度である。維新支持の強度は強いのか，弱いのかという観点から特徴を分析する。第3は政治のレベルと維新支持率の関係である。国の政治か大阪の政治かで維新支持がどのように変化するのかを分析し，維新支持の緩さについて検討する。

3 維新支持率の時間変動

緩い態度は変わりやすい。維新支持率が時間的に変動しやすいことを示すことができれば，維新支持は緩いという主張の説得力は増す。安定の反対は不安定，つまり変動するということなのだから，その意味でも維新支持率の推移を明らかにすることは重要である。

ところで維新支持率と聞いたとき，読者のみなさんはどのような指標を思い浮かべるだろうか。おそらく「政党支持率」だと思う。政党支持の聞き方は調査主体などによって異なるが，一般的には次のように聞く。

あなたは今，どの政党を支持していますか。

選択肢は通常，「自民党」から「その他政党」まで，国会で議席をもっている政党名がならび，そのあとに「支持する政党はない」や「わからない」が設けられる。複数の選択肢から1つを選ぶ単一選択型が通例なので，どれか1つの政党を選択し「○○党の支持者」となるか，「支持する政党はない」を選び無党派となるかを選

択することになる。

　維新支持率もこの政党支持の質問を使って測定することが一般的なのだが，維新が特定の地域に特化した政党である点を踏まえれば，これで十分というわけではなく質問を工夫しなければならない。要するに維新という政党の特徴に見合った質問へと修正する必要があるということだ。

　国政維新と大阪維新の違いはその一例だ。大阪の有権者は大阪維新に対して，国政維新の単なる下部組織ではなく，自律的な政治集団とみなす傾向がある（善教将大「政党支持のねじれ──大阪市民を対象とするサーベイ実験より」『選挙研究』36 巻 1 号，2020 年）。維新支持を測定する際，この政治レベルの違いを考慮する必要がある。

　もちろん国政維新の支持を聞くべきか，大阪維新の支持を聞くべきかは，研究目的によって変わる。筆者が分析しようとしているのは，大阪の政治の中核に位置する維新である。そのため政党支持の質問を，以下のように修正する。なお強調する意味をこめて下線を引いているが，実際の調査票では引いていない。

あなたは普段，<u>大阪の政治で</u>どの政党を支持していますか。

　じつは，この「大阪の政治で」という文言は，第 3 章で分析する「自民支持層の票割れ」のメカニズムを理解する際にも重要となる。ただし，今はその解説は行わない。第 3 章までお待ち頂きたい。

　では，維新支持率の推移を確認しよう。図 1-1 は，2019 年 5 月と 2020 年 10 月時点における，大阪の政治における各政党の支持率を整理したものである。注目すべきは無党派を除く，維新と他の政党の支持率の変動である。2019 年と 2020 年の支持率の差を見ると，

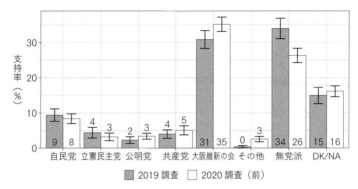

図 1-1　**大阪の政治における支持政党の分布と変動**

注：図中のエラーバーは支持率の 95% 信頼区間である。

自民党から共産党まで，支持率の変動幅はおよそ 1 ポイントである。これに対して大阪維新の会の場合，4 ポイントと変動幅が大きい。**維新支持率は他の政党の支持率よりも相対的に変動しやすいことがわかる。**

どのような人が 2019 年から 2020 年にかけて態度を変えたのか。図 1-1 の結果だけでは厳密にいうとわからないのだが，維新支持率が増加すると同時に，無党派率が大きく減少している点を踏まえると，2019 年に無党派だった人が，2020 年では維新を選択した結果，維新支持率が上昇した可能性が高い。

政党支持ありと無党派の間を往来するような人を，政治学では「散発的支持者」と呼ぶ（三宅一郎『政党支持の分析』創文社，1985 年）。**図 1-1 は大阪で維新を支持すると回答する人の中に，三宅のいう散発的支持者が一定程度存在することを示唆する結果である。**

時間的に変動していることにくわえて，散発的支持者の存在を予期させる図 1-1 の結果は，維新支持が世間一般でいわれるほど固く

ないことを明らかにしている。散発的支持者は強い党派性をもたない人たちであり，だから支持なしと支持ありを往来する。そのような人が維新支持者の中に一定数存在するなら，維新支持強度は弱いのではないか。

次節では，維新支持の強度を分析することにしよう。

4　維新支持の強度

図1-1だけでは，維新支持の緩さを示す証拠にはならない。なぜなら維新支持の強度がわからないからである。緩いということは弱いということでもある。変化するだけではなく，弱い態度であることも示す必要がある。

筆者は，前節で用いた維新支持率とは別の，**「維新支持態度」**を測定するための質問を，2019調査などに含めている。以下ではその質問を用いた分析から，維新支持態度の強度を分析する。維新支持態度を測定するための質問は以下のとおりである。

選挙で投票するかどうかは別にして，あなたは普段，大阪維新の会を支持していますか。

選択肢は「熱心に支持している（＝強い支持)」「支持しているが熱心ではない（＝弱い支持)」「支持していないが好ましい政党ではある（＝弱い不支持)」「支持していないし好ましくもない（＝強い不支持)」である。

筆者は，2011年から継続して，大阪市民，全国の有権者，近畿の有権者などさまざまな人を対象に，この質問を使って維新支持態

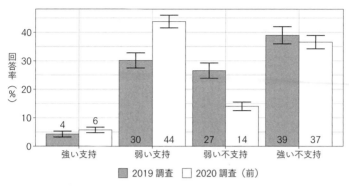

図 1-2　維新支持態度の分布と変動

注：図中のエラーバーは回答率の 95% 信頼区間である。

度を測定してきた（善教将大『維新支持の分析——ポピュリズムか，有権者
の合理性か』有斐閣，2018 年，第 2 章）。そこでわかったことを 1 つ述べ
れば，それは維新支持と不支持の非対称性である。要するに支持強
度は弱いが不支持強度は強い。この傾向はほとんどの調査で一貫し
て見られた。

　2019 調査と 2020 調査（前）を用いた結果はどうだろうか。図
1-2 は維新支持態度の分布について調査した結果を整理したもので
ある。まず，強い支持と弱い支持の比率に注目してほしい。強い支
持者の割合は 4% から 6% と小さいのに対して，弱い支持者の割合
は 30% から 44% と大きい。**強い支持者はかなり少なく，緩く維新
を支持している人が維新支持者の大半をしめる**ことがわかる。

　一方，不支持者の分布は支持者のそれと対照的である。強い不支
持者の割合を見ると，弱い不支持者のそれより明らかに大きい。
2019 調査の弱い不支持者の割合は 27% であり，この値は決して小
さくない。しかし強い不支持者の割合は 39% であり，27% をさら

に上回る。2020 調査（前）は弱い支持者の割合が小さくなっており，両者の差はさらに広がる。支持強度は弱いが，不支持強度はとても強い。

　態度の強弱は態度の変わりやすさと関係する。図 1-2 の結果は，支持／不支持という方向性にかかわらず，強い態度をもつ人は態度を変えていない可能性が高いことを示す。相対的に強い支持者は時間が経過しても強い支持者のままであり，同様に強い不支持者も強い不支持者のままということだ。逆に弱い支持者や弱い不支持者は態度を変えやすい。実際にこの 2 カテゴリの割合は，図 1-2 に示すとおり 2019 調査と 2020 調査（前）で大きく変化している。

　前節で分析した大阪の政治における支持政党と，本節の維新支持態度を組み合わせると，維新支持の緩さは明瞭となる。図 1-3 は，支持政党と維新支持態度を組み合わせた結果を，モザイクプロットと呼ばれる図にして整理したものである。横軸は支持政党，縦軸は維新支持態度である。この図を見ればどの政党を支持する人の中に，どれくらい強く／弱く維新を支持している人がいるかがわかる。

　支持政党の質問と維新支持態度に関する質問の回答は完全に一致するわけではない。支持政党の設問で大阪維新を選択しなくても，維新支持態度の質問で弱く支持すると回答することはありうる。とはいえ，大阪維新を支持政党として選択していない人は，維新を支持するよりは支持しないし，また，強く拒否する人が多い。ただ，どの政党を支持するかで強い不支持者の割合に違いはあり，自民党支持者や無党派層の中の不支持強度は弱い。一方，図ではその他にまとめてしまっているが，共産党や立憲民主党支持者の中の不支持強度は強い。

　もっとも，それ以上に重要なことは，**大阪の政治で維新を支持す**

2019 調査

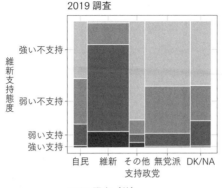

2020 調査（前）

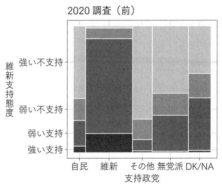

図 1-3　支持政党と維新支持態度の関係

注：自民と維新以外の政党を「その他」へまとめている。

ると回答した人の半数以上が弱い支持者ということだ。強い支持者
も当然いるが，割合としては維新を支持すると回答した人の中の 1
割程度である。言い換えると，維新を支持すると回答した人の多く
は弱い支持，あるいは弱い不支持なのである。

　図 1-3 をよく見ると，2019 年から 2020 年にかけて，維新を支持
する人の中の弱い支持者の割合が増加していることがわかる。党派

性をもたない人が 2020 年に維新を支持政党として選択したことで，維新支持率が上昇した可能性があることはすでに述べた。この弱い支持者の割合が 2020 年に増えるという結果は，前節で述べた維新支持は変わりやすいという解釈と整合的である。

5　維新支持者の多様性

「国政自民，大阪維新」といわれるように，**大阪の維新支持者の中には，国の政治では他の政党を支持したり，無党派になったりする人が相対的に多く含まれている。**維新の設立者の多くはもともと自民党所属の議員だったことが，そのような政党支持のねじれを生み出す原因の一端にある。しかしそれだけではない。維新と同じく，大阪の自民党は国政自民から自律的な集団だとみなされており，大阪の自民党およびその所属議員に対して少なくない有権者が否定的な認識を抱いていることも，このねじれの原因となっている。

　筆者はこの政党支持のねじれの実態を把握するために，図 1-1 で示した大阪における支持政党とは別に，国政における支持政党を尋ねる質問も，2019 調査と 2020 調査（前）の中に含めていた。具体的には，次の質問で国の政治で支持する政党を尋ねた。強調する意味をこめて下線を引いているが，実際の調査票では引いていない。

　　あなたは<u>国の政治</u>において，普段，どの政党を支持していますか。

　上述した国の政治における支持政党と図 1-1 に示す大阪の政治における支持政党を比較することで，維新支持の特徴はより明瞭となる。大阪の政治における支持政党と国政における支持政党について

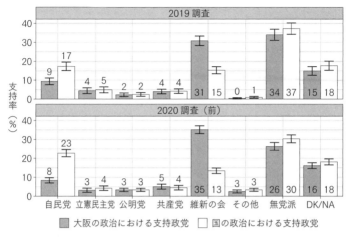

図1-4　政治のレベルと政党支持率の関係

注：図中のエラーバーは支持率の 95% 信頼区間である。

比較した結果を，図 1-4 に整理した。2019 調査，2020 調査（前）
ともに，国の政治における維新支持率は 15% 程度である。しかし
この図に示すとおり，大阪の政治における支持政党で維新支持者は
急増し，2019 年だと 16 ポイント，2020 年だと 22 ポイント，維新
支持率は増加する。この図は国の政治か大阪の政治かで，政党支持
率の分布が大きく変化する政党支持のねじれが，大阪の有権者の中
に存在することを明らかにしている。

　どのような人が態度を変えているのか。いずれの結果を見ても，
国の政治か大阪の政治かで自民党支持率が大きく変化している。国
政の自民支持率は，2019 調査では 17%，2020 調査（前）では 23%
である。しかし大阪の政治だと，自民支持率は 2019 調査で 9%，
2020 調査（前）で 8% と下落する。国政の自民党支持者の多くが
大阪の政治では維新の支持者となる。

国政での自民党支持者にくわえて，無党派層も大阪の政治では維新を支持する傾向を強める。国政では維新を支持することはないが，大阪の維新は支持するという人が無党派層の中に一定数いるということである。維新支持者の中には散発的支持者が含まれると述べたが，それだけではなく国の政治で支持政党をもたない人が大阪の政治では維新を支持する場合がある。

大阪の政治で維新を支持する人たちの中には，国政維新も含めて熱心に維新を支持する人がいる。しかしそのような人たちは，維新を支持する人の中では少数派だ。国政では他の政党を支持していたり，どの政党も支持していなかったりする人も，大阪で維新を支持する人の中には多くいる。このように大阪で維新は，多様な属性や考えをもつ人によって支持されているのだ。

維新は紆余曲折を経て今の形に至る。その過程で維新支持者の態度が純化していったかというと，じつはそうではない。むしろ**多様な人を支持層に含んでおり，支持者がいつ離反するかわからない状態で，大阪で支持され，首長選などで勝ち続けてきたのが実態である**。

6　まとめ

本章では，維新支持の緩さを実証的に示すために，3つの観点から大阪市民の政治意識を分析した。結果としてわかったことを一言で述べるなら，維新支持は緩いである。

分析結果を改めて整理する。第1に本章では維新支持率の推移を確認した。その結果，大阪の政治における維新支持率は時間的に変動しやすいことが判明した。第2に，維新支持の強度についても分

析した。その結果，維新支持の強度は弱いことが明らかとなった。第 3 に政党支持のねじれの分析から，大阪における維新支持者の中には多様な考えをもつ人が含まれていることを示した。これらはいずれも，維新支持の緩さを示すものである。

　維新への支持態度はそのうちに不安定性を抱える。しかしその一方で，大阪では多くの人が維新を支持し続ける実態がある。第 2 章では，「なぜ維新は大阪で支持されるのか」という問いにこたえる。

第2章
なぜ大阪で維新は支持されるのか

全国的にはマイナーな政党であるにもかかわらず，大阪で維新はもっとも支持される政党である。これはなぜなのか。第2章ではポピュリズム論を批判的に検討したうえで，①大阪市民・府民が府市の一体的運営を強く望んでいることと，②大阪府と市の一体的運営という難問を維新が解決しているという2点が，維新が支持される主な理由であることを説明する。大阪府と市の一体的運営は大阪，あるいは関西圏に限定される課題である。だから維新は大阪では支持されるが，それ以外の地域では強く支持されないのである。

1 維新支持という謎

なぜ大阪で維新は支持されているのか。このように問うと維新を支持する人は「何をバカな！」と憤るかもしれない。しかし，維新は多くの識者などから批判されてきた。今でもそうである。「民主主義や自治の破壊者」「独裁」など，維新への批判をあげればきりがない。橋下徹が維新の代表だったときは「ハシズム」と揶揄されることもあった（内田樹・山口二郎・香山リカ・薬師院仁志『橋下主義（ハシズム）を許すな！』ビジネス社，2011年）。

とはいえ，理解できないからといって「維新の支持者は騙されている」だとか，「あんな政党を支持する人はおかしい」だとか，そ

のように主張することには賛同できない。私たちが異文化交流をするとき，異質な考えをもつ他者を罵倒したり，蔑んだりしないだろう。支持される理由がわからないのであれば批判する前に，何がその理由なのかを考えるべきだろう。

　維新を支持する人の中にも，なぜ維新が大阪で，これほどまでに多くの人に支持されるのかについて疑問を抱く人はいる。他者が何を理由に支持しているかなど，実際のところよくわからないからだ。維新を支持する人であっても，維新が方々から批判されていることを知らないわけではない。維新に対して苦々しい思いを抱き続けている人は，維新を支持しない人に限らない。それでも支持されているのだから，そこには何か理由があるはずだ。

　以下では，通説的見解であるポピュリズム論を批判的に検討したうえで，維新が支持される理由を，データ分析にもとづき明らかにする。本章と同様の説明はすでに前著（善教将大『維新支持の分析──ポピュリズムか，有権者の合理性か』有斐閣，2018 年，第 2 章）で行っているのだが，新たなデータ分析の結果も含めて本書でも説明する。

　維新が支持される理由を説明するためには，どうしても理論的な説明をしなければならない。学術的な理論は抽象的で，嫌になってしまう人も多いだろう。どうしても難しくてわからないという場合は，第 5 節と第 6 節の分析結果だけでも目を通してほしい。

　あらかじめ維新が支持される理由を述べておこう。筆者は，次の2 点が重要だと考えている。**第 1 は大阪の有権者の政策的な選好 (policy preference) である。**大阪の有権者の多くは大阪府と市が一体的に運営されることを望む。具体的な政策というわけではないが，これも 1 つの政治・行政のあり方をめぐる選好であり，多くの大阪の有権者がこの選好をもっている実態を理解することが，維新

が支持される理由を考えるうえで重要である。

　第 2 に維新は，大阪府と市の一体的運営が可能な組織だとみなされている。ポイントとなるのは特定の政治家個人への支持ではなく，組織として維新が支持されていることだ。このように政党という組織に注目するとき，鍵となるのは政党がもつ利害調整の機能である。大阪府と市の間の調整主体として維新が機能しているところに，維新が支持される理由があるということだ。

　本章では，まずポピュリズムという理論枠組みからの説明を検討したうえで，上述した広域調整主体としての維新について，大阪をとりまく社会経済的構造の特性を踏まえつつ説明する。さらにこの説明の妥当性を，2019 調査を用いた分析を通じて検証する。

2　意外と「失敗」していた橋下の戦略

　維新が支持される理由を，その代表であった橋下徹の特徴から説明する議論を耳にしたことがある人は多いのではないだろうか。2008 年 2 月に大阪府知事に就任して以降，「クソ教育委員会」や「ぼったくりバー」など，橋下は過激な発言で多くの耳目を集めた。維新を結党し，大阪市長に就任してからも橋下は自身のスタイルを変えることなく，政界引退まで世間を賑わせ続けた。

　橋下は維新の中心的人物であった。良くも悪くも広告塔として，有権者に維新をアピールし，支持を調達しなければならない存在だった。そのような政治的アクターに着目し，政治現象を説明しようとするアプローチを，ポピュリズム研究では「供給側（supply side）」に注目するアプローチと呼ぶ。政治的リーダーとしての橋下に注目し，維新が支持される理由を説明する議論はその典型例で

ある。橋下の言説や政治的信条の特徴などを分析し，支持される原因を考えるのである。

供給側から維新支持を説明する議論は，戦略に注目するポピュリズム論といわれることもある。カリスマ的な政治リーダーの存在を前提に，その人の動員戦略や政治スタイルの特徴から，現実に生じている政治現象を説明するということだ。橋下個人に対する有権者の意識を分析する研究の位置づけはやや難しい問題だが，供給側のアプローチは，あくまで政治家の言説や政党の特徴を分析する。そのため橋下支持の研究は，供給側の研究とは異なるものだろう。

橋下には，たしかにポピュリストと呼べるいくつかの特徴があった。第 1 は Twitter などの Social Networking Service（SNS）の積極的な活用である。組織化されていない有権者に，SNS を通じて直接的に訴えることで，橋下は支持を調達しようとしていた。第 2 は善悪二元論的な図式の設定と，自らが敵とみなした人物などへの攻撃的姿勢である。ときには政敵とはいえない，筆者のような学術研究を行う人文社会科学系の研究者が，執拗に批判されることさえあった。ともあれ，これらを含む橋下の政治スタイルの特徴は，彼をポピュリストとみなす重要な根拠となっていた。

しかし，維新の創設者である橋下がどのような特徴をもつかという問いと，その戦略で有権者が動員されているかという問いは別だ。橋下の政治スタイルや動員戦略が維新支持者の獲得に貢献していたかどうかは，実際にデータを分析しなければわからない。

橋下の戦略と支持の関係はどのようにすれば検証できるのか。第 1 章で述べた因果推論のルールを思い出してほしい。原因→結果という関係が成立するには共変関係が必要だった。つまり橋下の政治スタイルと彼の支持率の間に，どのような共変関係を確認できるか

を分析すればよい。

　筆者は橋下のポピュリスト度を測定しているわけではないのだが，①府知事就任当初から変わらないか，②就任以降，より激しさを増していったかのいずれかだと考えられる。ただ，どちらであっても重要なのが，彼の戦略が人気を集めるものであれば，彼の支持率が下がることはないことだ。つまり，①高い水準の橋下支持率が維持される，②橋下支持率が増加するの，いずれかになると予測できるわけである。

　では橋下支持率の推移を実際に確認しよう。図2-1は，知事就任時から政界引退直前までの，橋下支持率の推移を整理したものである。橋下支持率の推移を見たことがない人は驚いてしまうかもしれないが，じつは橋下支持率が高かったのは2010年頃までで，それ以降は低下の一途をたどっていた。図の中の太線は，筆者が特殊な計量分析手法（J. A. Stimson, *Public Opinion in America: Moods, Cycles, and Swings,* 2nd ed., Westview Press, 1999におけるムード析出の方法）を用いて，潜在的な橋下支持率の推移を折出したものだ。この推移を見ると，2010年頃から橋下支持率が低下し続けていることがわかる。

　この図ははっきりと，橋下が支持調達に失敗し続けていた事実を明らかにしている。橋下がポピュリストとして批判され始めたのは2011年頃からだ。いわゆる「ぶら下がり」記者会見を行い，メディアの露出頻度が高くなったのも，ちょうど大阪市長に就任して以降である。彼のポピュリストとしての政治スタイルが維新支持を考えるうえで重要ならば，これらのタイミングと同時に橋下支持率が上がってもおかしくない。しかし図2-1は逆に，橋下支持率は低下し続けていたことを明らかにしている。彼はポピュリストではあったかもしれないが，それを理由に有権者が橋下や維新を支持してい

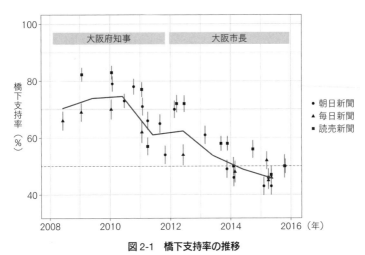

図 2-1　橋下支持率の推移

出典：善教将大『維新支持の分析——ポピュリズムか，有権者の合理性か』有斐閣，
2018 年，p. 52 掲載の図 2.1。

たわけではない。

　もう 1 点，疑問を指摘しておこう。それは橋下が維新の代表を辞してからも，維新は支持され続けていることだ。橋下の存在が維新にとって重要だったのなら「X_0：橋下いる→X_1：橋下いない」という形で原因が変化しているので，結果も「$Y_{X=0}$：維新支持率高い→$Y_{X=1}$：維新支持率低い」，あるいは，「$Y_{X=0}$：維新が選挙で勝つ→$Y_{X=1}$：維新が選挙で負ける」のようになるはずだ。しかし橋下がいなくても維新は大阪で支持されているし，大阪府知事選や市長選でも勝ち続けている。

　もちろん，橋下への評価や好嫌が維新支持と無関係なはずはない。橋下が好きだから維新を支持している人が一定数いることは事実だろう。しかし，橋下というリーダーを見れば維新支持を説明できる

かというと，そのようなことは決してない。維新が支持されている
理由を明らかにするには，「供給側」以外の要素に注目しなければ
ならないのである。

3　反エリート主義による説明の限界

供給側のアプローチには大きな弱点がある。有権者の意思決定過
程をブラックボックス化していることだ。なぜ維新が支持されてい
るのかを知りたければ，直接，有権者を分析対象にしなければなら
ない。つまり供給側ではなく「需要側（demand side）」に注目し，な
ぜ支持されているのかを分析しなければならないのだ。

**需要側の視点に立ち，ポピュリストが支持される理由を分析する
研究は，「ポピュリストの言説に同調するような有権者がもつ潜在
的な欲求」に注目した。**このポピュリズムの理念的側面に注目する
アプローチは，学術的には理念的アプローチにもとづくポピュリズ
ム研究と呼ばれている（Kirk A. Hawkins, Ryan E. Carlin, Levente Littvay, and
Cristóbal Rovira Kaltwasser, eds., *The Ideational Approach to Populism: Concept,
Theory, and Analysis,* Routledge, 2018）。

理念的アプローチでは，次の信念が有権者のポピュリズムを求め
る意識の中核にあると考える。第1に，社会はエリートと一般人に
二分される。第2に，政治エリートは悪，一般の人は善である。第
3に，現実の政治は腐敗した悪しきエリートに支配されている。第
4に，したがって，一般人の意思を実現させるべく民主的に現状を
変えなければならない。実際にはもう少し複雑なのだが，単純化す
るとこのような「ポピュリスト態度」をもつ人がどのくらいいるの
か，またこの態度をもつ人がどの政党を支持するのかを分析するこ

とになる。

　ポピュリスト態度と維新支持の関係について考える際に特に重要となる態度は，有権者の反エリート主義だろう。維新の議員などがしばしば主張する「既得権の打破」は，部分的に反エリート主義と重なるからだ。維新は，行政職員や労働組合を既得権者として槍玉にあげてきたことはよく知られており，その意味でも重要だ。

　もう 1 つ，維新支持の文脈でしばしば強調されるのが新自由主義である。維新の政策案に「民営化」といった単語がたくさん出てくるわけではない。しかし，公務員改革でいう「民間経験者の積極登用」や，経営形態の変更でいう「各種事業の民営化」など，維新が民の力を活用する姿勢を強調していることは事実である。これは「改革志向」に置き換えられることもある。詳しくは章末の Column ①を参照してほしい。

　公務員への不信や新自由主義改革への志向性は，じつは，ポピュリズム態度とは強く関連しない。たしかに，公務員不信や競争主義への志向性が橋下支持と相関することを実証した研究はある（松谷満「誰が橋下を支持しているのか」『世界』832 号，2012 年）。しかし，より直接的にポピュリスト態度を測定し，それと橋下や維新への好嫌との相関関係を分析すると，ほとんど関係ないことが実証されている（善教将大「ポピュリスト態度と維新支持——大阪市民を対象とする分析」『法と政治』71 巻 4 号，2021 年）。反エリート主義的な信念と維新支持が有意な関係にあるわけではないのだ。

　有権者の一般的な態度から維新支持を説明しようとする議論には，理屈の部分にも問題がある。一言でいえば，理念的アプローチにもとづく議論は，維新が大阪を中心とする関西圏だけで支持されているという地域特殊性を説明できないのだ。有権者の反エリート主義

が維新を支持する原動力となっているのなら，維新は全国的に支持される政党になるはずだ。しかし現実はそうではない。

　この問題は新自由主義に注目する説明にもあてはまる。大阪に新自由主義を好む人が集中しているなら説得力はある。しかし，それを示すデータはないし，理屈としてそうだと説明することも難しい。

　まとめれば，戦略（供給側）にせよ理念（需要側）にせよ，ポピュリズムという理論的枠組みから維新が支持される理由を説明することは難しいのだ。維新は全国的に支持されているわけではなく，あくまで大阪を中心に支持されている。**維新支持の論理を「大阪」という地域性を捨象して理解することはできない。**

4　府と市を1つにまとめた維新

　ポピュリズムの理論でうまく説明できないのなら，維新が支持される理由をどのように考えればよいのか。以下では，①大阪市民・府民は何を大阪の問題と捉えているのか，②何を支持の際の基準としているのか，③維新の何を評価しているのかという3つの疑問にこたえながら，維新が大阪で支持される理由を説明する。

　まず多くの大阪市民・府民は，大阪府と市がバラバラに物事を決めることに問題意識を抱いている。少なくとも，**府市がバラバラになるよりは一体的に運営されたほうがよいと，多くの人は考えている。**これが①の疑問への解答だ。「大阪市が無駄遣いしている」とか「似たような建造物が2つある」ことに問題意識を抱いているのではない。大阪府と市がバラバラに物事を決める政治のあり方に，問題意識を抱いてきたのだ。

　少し遠回りとなるが，大阪という都市が抱える構造的な問題に目

を向けよう。大阪をとりまく社会・経済的特徴と，それに付随して生じるさまざまな問題が，大阪市民・府民の問題意識に影響を与えてきたからだ。

　大阪市は，その都市圏の規模に比して行政区域が狭い。この問題は，しばしば「狭すぎる大阪」といわれ，具体的には昼夜間人口比が 1.3 以上ある点から説明される（北村亘『政令指定都市——100 万都市から都構想へ』中央公論新社，2013 年；曽我謙悟『日本の地方政府——1700 自治体の実態と課題』中央公論新社，2019 年など）。多くの大阪市外に住む人が昼間に大阪市に足を運び，仕事や学校が終わると市外の自宅に帰宅するため，このような歪な人口比となる。そして，多くの人が大阪市外に住みながら大阪市に通勤・通学する状況は，「大阪」の都市圏を必然的に大阪市の行政区域以上に広くする。

　ただ，「大阪」の都市圏をどこまで含むかは人や都市圏を測定するアプローチによって異なる。京都府や兵庫県など周辺の府県にもまたがっているという人もいれば，茨木市など周辺部にとどまるという人もいるだろう。重要なのは都市圏の規模を特定することではなく，**「大阪」は明らかに大阪市の行政区域にとどまる規模ではないと認識されていることだ。**大阪市域を超えた広大な都市圏が存在する点について，異論を唱える人はおそらくいないだろう。

　大阪府は主たる広域行政の担い手ということもあり，「大阪」の利益を考え，都市計画を考える。その「大阪」の中心に大阪市域がある以上，大阪市を無視することはできない。逆に大阪市域で何をするかという観点から，都市計画について考える必要性に迫られる。大阪市におけるさまざまな施策の効果が，「大阪」都市圏の広さゆえに，大阪市域内にとどまらず他地域にまで波及（スピルオーバー）するからである。

　しかし，大阪府と同じく都市計画の権限をもつ大阪市が，市内の都市計画について考える際に，「大阪」の利益を第一に考えるかというと必ずしもそうではない。大阪市という行政区域内の利益を第一に考えることも当然ある。市長が「大阪」の利益を第一に考えようとしても，大阪市会がそれに反発することもある。議会を構成する市会議員は，行政区内に住む有権者に選ばれた地域の代表だからだ。

　行政区域と都市圏が一致していれば，「大阪」の利益と大阪市の利益は一致する。しかし大阪市はそうではなく，「狭すぎる大阪」ゆえに大阪市の利益と「大阪」の利益が食い違う状態が構造的に作り出される都市である。都道府県と政令市が揉めることはままあるが，大阪では「府市合わせ」と揶揄されるくらいの意見の不一致が見られた背景には，大阪をとりまく歪な社会経済的構造がある。

　都市計画について府市間の見解の不一致が生じたとき，とりうる選択肢は 2 つある。1 つは大阪府と市が協力し，相互に利害を調整しながら，なんとか物事を進めていくことだ。しかし相互調整には莫大なコストがかかる。すると多大なコストをかけてまで調整する必要があるのかという話になる。さらに，うまく調整できる問題もあれば，一歩も譲れない問題もある。そうなると調整することそのものが無駄な作業となる。

　調整が難航する場合，徹底的に役割分担し，互いの領分に触れなければよい。これがもう 1 つの選択肢だ。それぞれの領分を決めたうえで「相互不可侵条約」を締結するようなものだと理解すればよい。相互に独立していれば調整の必要はなくなるので，コストはかからない。維新が台頭するまで大阪府と市が，あるいは大阪の政治が採用した戦略は，この大阪府と市の利害調整を放棄するという選

択肢だったように思われる。

　大阪府と市で同じ目的意識をもつにもかかわらず，相互調整することなく独立に物事を進めると「二重行政」が生じる。維新はしばしば似たような建造物が 2 つあることを問題視してきた。しかし，有権者が見ていた問題の本質がそこにあったわけではない。**大阪府と市が「大阪」のためという同じ目的をもったときでさえ協力できず，独立に物事を進めていた府市間の関係性。大阪市民・府民はここに強い問題意識を抱いていたのだ。**

　このような問題意識があるならば，**大阪市民・府民は府と市の利害調整を行い，一体的な運営を可能とする政治的リーダーシップを評価するだろう。これが先に述べた②の解答だ。**大阪府と市のバラバラな体制は時に「二元体制」と呼ばれる。その意思決定のあり方をどう改善するか。この点が選択の際の考慮事項となるのだ。

　この「何を見るか」という点は，選挙で誰が何を課題とするかによって変化する。何が争点かを決める際に重要な役割を果たすのは，有権者というよりは政治の側である。この点で維新は都構想を掲げることで，政治選択の際の課題を設定することに成功した。もちろん，政党の戦略だけで有権者の課題認識が定まるわけではない。有権者の府市一体化への選好と維新の戦略の相互作用の中で，広域調整という課題設定が有効になったのだ。

　では府市間調整という難問にどう対応するか。維新は，**政党を機能させることでこの問題の解決を試みた。これが③の解答である。**政党の党是に「大阪」の利益を同定することで，大阪市長と府知事，さらには市会議員と府議会議員の行動を縛る。バラバラな考えをもつ政治家を政党がまとめ，府と市の利害を調整することで，維新は「大阪」の利益を代表可能な集団だとアピールした。維新であるこ

とをアピールすれば，知名度のない新人候補でも大阪では選挙で勝つことができる現状は，まさに維新という組織が評価されている証左だ。

　維新に対して自民党などは，自分たちも大阪府と市を調整可能だとアピールしなかった。そもそも日本の地方議員には，政党に所属しない人が多数いる。1つの政党が複数の会派に分裂することもある。地方レベルの政党の多くは自律的な政治家の集合となりやすく，政党としてのまとまりに欠ける。

　その典型例が大阪の自民党であった。自民党大阪府連の中でも府議団と市議団の対立がしばしば生じる。くわえて府議団や市議団の中でも分裂し，意見の一致を図れない。そのような状態だと，政党を通じた利害調整が機能不全に陥る。政党という拘束具は力のある議員にとってはただの足枷だ。政党を機能させようとする誘因が与えられていないのだ。

　政党を機能させようとした大阪維新と，維新が台頭するまで議会の多数派だった大阪の自民党の決定的な違いはこの点にあった。府市の一体的運営が可能な主体は誰かと問われたときに，政党が十分に機能していない自民党は不利な立場に追い込まれる。結果として維新は，既成政党よりも府市の一体的運営を行う主体として評価され，支持されることになる。

5　府市一体への選好を測定する

　前節で述べたように，維新が支持される理由は大阪府と市の利害を調整した点にある。「大阪」という都市圏に見合った都市を計画するうえで不可欠な府市間の利害について，政党を媒介に調整した

点を，府市の一体的運営を選好する大阪の有権者が評価したということだ。

このように説明すると，次の疑問が呈されるかもしれない。それは「大阪」という都市に注目するのであれば，利害調整への評価ではなく，東京という都市を大阪がめざすことへの欲求，あるいは東京都への対抗心が，支持の根底にあるのではないかというものである。

たしかに維新は大阪「都」構想の実現をめざしていた。その背景には，東京都に比肩する都市になりたいという大阪市民の欲求や対抗心があるのかもしれない。実際に維新を批判する陣営の中には「都にもならない都構想」と批判する人がいる。維新支持の背景には東京都への対抗心があるという想定がなければ，このような批判が出てくることはない。

以上の議論を念頭においたうえで，ここからは実際にデータを分析しながら，維新支持態度の規定要因を明らかにしていくことにしよう。

大阪市民の「大阪府と市は一体的に運営されたほうがいい」という政策選好は，どのように測定したらいいだろうか。たとえば先行研究（野田遊「大阪都構想と自治——大阪市民の意向調査の分析から」『地域政策学ジャーナル』1 巻 1 号，2012 年）では，次のような意見への賛否を問う形でこの選好を測定している。

- 大阪府と大阪市が同じ目的の政策を別々に実施したり，関連する事業の権限が分断されているのは無駄が多い
- 広域行政については，大阪都市圏の一元化のため，大阪都が最終的な意思決定を行い，その責任を担うべきである

- 広域行政と身近なサービスが重複したり，関連する場合，広域行政のための「大阪都への政策の一元化」と身近なサービスのための「特別自治区の自治」を比べて，「大阪都への政策の一元化」を優先すべきである

　この意見項目は参考になるものの，同じものを利用するわけにはいかない。全体として意見項目の書き方が難解であり，かつ，長文という印象を受ける。難しい聞き方をしているので，回答するのに戸惑ってしまう人がたくさん出てしまうかもしれない。いずれにせよ，いくらか修正する必要がありそうだ。

　1つ目の意見項目は，他と比べると難解ではない。またこの意見項目は，筆者が明らかにしたい府市一体化への選好に近い態度を測定している。しかし最終的に「無駄を増やすか」を尋ねており，「別々に実施」に力点がおかれていない。筆者が知りたいのは一体的運営への選好なので，ここを修正すれば府市一体化への選好を測定する質問となりそうだ。

　そこで2019調査では，以下のような形で「府市一体化への選好」を測定することにした。選択肢は「中間（3）」を含め，「左に近い（5）」から「右に近い（1）」までの5件尺度である。

　大阪市政や都構想に関する以下の意見について，どのようにお考えでしょうか。

- 大阪市と府は一体となって調整しながら行政を行うべきだ（左）
- 大阪市と府はそれぞれ独立して行政を行うべきだ（右）

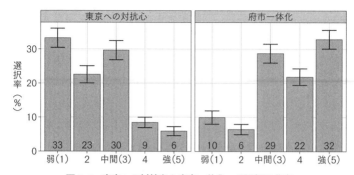

図 2-2　東京への対抗心と府市一体化への選好の分布

注：図中のエラーバーは選択率の 95% 信頼区間である。

　筆者の関心は府と市が一体的に運営されることへの選好だから，無駄という表現は用いずに，単純に「一体となって調整しながら」とした。さらに右側の「独立して」という意見と対にすることで，回答者に問う内容を明確化した。

　さらに 2019 調査では以下の質問で「東京都への対抗心」も測定している。選択肢は「府市一体化への選好」と同じなので省略する。この質問の主眼は，大阪が都市として発展すべきか否かではない。あくまで下線（実際の質問票では引いてない）を引いている部分からわかるように，東京への対抗心の強弱を測定するものである。

- 大阪は<u>東京都のような大都市</u>を目指す形で発展すべきだ（左）
- 大阪は大阪として<u>東京都とは別の形</u>で発展すべきだ（右）

　図 2-2 は東京への対抗心と府市一体化への選好の分布を整理したものだ。選好の強さを理解しやすくするために，選択肢が左側の意見に近い場合を強（5），右側に近い場合を弱（1）としている。ど

ちらの質問も左側の意見に同意するほうが，強い選好をもつと考え
られるからだ。

　図 2-2 を見て真っ先に気づくのは回答分布の相違だ。東京への対
抗心は，「強」ではなく「弱」の選択率が高い結果となっている。
対照的に府市一体化は，「弱」ではなく「強」を選択する人が多い。
**大阪市民は，府市一体化に関しては強く賛同するものの，東京に対
してそれほど強い対抗心をもっていない**ということだろう。

　もっとも，この結果から東京への対抗心と府市一体化への選好は
負の相関関係にあると解釈するのは誤りだ。筆者が府市一体化への
選好と東京への対抗心の相関関係をケンドールの順位相関係数を分
析し確かめたところ，東京への対抗心が強いほど，府市一体化への
選好も強いという結果が示された。しかし相関係数値は 0.1 程度と
かなり小さい。実質的には関係がないと見たほうがよいだろう。

6　府市一体化への選好の影響を分析する

　前節では，大阪市民の多くが大阪府と市について，一体的に運営
されるべきだと考えていることを示した。しかし図 2-2 が示すのは，
あくまで大阪市民の多くが，大阪府と市は一体的に運営されるべき
だと考えているという事実である。これが維新支持とどのような関
係にあるのかまで明らかにしているわけではない。

　そこで府市一体化への選好という「原因」が維新支持という「結
果」に与える影響を分析する。ここで「結果変数」として用いるの
は，第 1 章の図 1-2 で用いた，維新支持態度である。維新を強く支
持する（4）から強く拒否する（1）までの 4 件尺度の変数と，府市
一体化への選好の関係を分析する。

　府市一体化への選好→維新支持という因果関係を検証する際に，考慮しなければならないことがいくつかある。第 1 は維新支持→府市一体化という逆の因果関係だ。「維新を支持しがちな人が府市一体化を選好する」可能性を排除するには，維新を支持しがちな人だからという可能性を排除しなければならない。そこで第 1 章の図 1-1 で用いた大阪における支持政党の影響を統制する。ここでいう統制とはわかりやすくいうと，この態度が維新支持に与える影響を（条件をそろえることで）取り除くという意味だ。この態度の影響を統制することで，逆の因果関係の可能性を完全ではないが，ある程度払拭できる。

　第 2 は疑似的な相関関係の可能性を排除することである。本節の分析では大阪における支持政党に加えて，性別，年齢，居住年数，政治関心，維新に対するイデオロギー認識の影響を統制する。なおイデオロギーは，維新を改革政党とみなす態度の代理変数として位置づけている。これらの要因の影響を取り除くことで，疑似相関の可能性を排除する。

　府市一体化への選好と東京への対抗心が維新支持に与える影響を分析した結果を整理したものが図 2-3 だ。維新支持態度は「強い不支持（1）」から「強い支持（4）」へとコーディングされている変数なので，順序ロジット推定という分析方法で，府市一体化への選好と維新支持態度の関係を分析している。

　何をしている図なのかわかりにくいと思うが，心配しなくてもいい。まずは上段の図を見てほしい。これは府市一体化への選好と東京への対抗心が，維新支持態度とどのような関係にあるのかを整理したものだ。丸印の横に伸びているグレーの太い線が，左にある 0 の破線に重なっているかどうかを確認してほしい。これが重なって

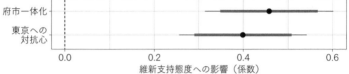

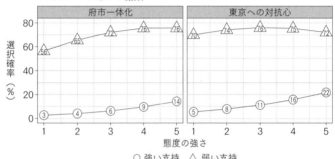

図 2-3　府市一体化への選好が維新支持態度に与える影響

注：上段の図は順序ロジット推定の結果を整理したものである。統制変数は大阪における支持政党，性別，実年齢，学歴，居住年数，政治関心，維新に対するイデオロギー認識である。グレーの太線は点推定値の 95% 信頼区間，黒色の細い線は 99% 信頼区間である。下段の図は，上段の図をもとにした事後シミュレーションの結果である。「弱い不支持」と「強い不支持」の選択確率は省略している。

いた場合，その態度は維新支持態度に影響を与えているとはいえないからだ。図 2-3 上段の結果は，どちらも 0 に重なっていない。したがって，府市一体化への選好も東京への対抗心も，維新支持態度に有意な影響を与えていることを示す結果だと解釈できる。

　では，府市一体化への選好と東京への対抗心は，具体的に維新支持態度にどのような影響を与えているのか。図 2-3 下段の「シミュレーションの結果」を見てほしい。これは上段の分析結果にもとづ

き，他の変数の値を平均値に固定したうえで，府市一体化への選好などの強さが変わると，維新支持態度がどのように変化するかについて事後的にシミュレーションしたものだ。

　シミュレーションの結果から，府市一体化への選好がどのような影響を与えているかを確認する。図 2-3 下段左の図を見ると，他の変数の値を平均値に固定したうえで府市一体化への選好が最小値（1）から最大値（5）に変化したとき，「強い支持」は 11 ポイント，「弱い支持」は 20 ポイント選択確率が増える。府市一体化への選好には合計で 31 ポイント，維新支持確率を高める効果がある。

　東京への対抗心はどうだろうか。図 2-3 下段右の図を見ると，東京への対抗心が最小値から最大値に変化したとき，「強い支持」は 17 ポイント，「弱い支持」は 2 ポイント，選択確率が増える。合計すると 19 ポイントの確率変動であり，影響力は決して小さくない。

　図 2-2 に示した回答分布と図 2-3 のシミュレーションの結果を踏まえて，何が維新支持の規定要因となっているかを検討する。府市一体化への選好は弱（1）の回答者がもっとも少なく，強（5）がもっとも多かった。**したがって府市一体化への選好については，維新支持者を「増やす」要因になっているといえる。**府市一体化を選好する人が明らかに多い分布となっているからだ。

　その一方で，東京への対抗心は弱の回答者がもっとも多い。つまり東京への対抗心は維新支持態度に強い影響を与えるが，対抗心を抱いている人はそもそも少ないのだ。東京への対抗心をもつ人が少ないので，強い影響を与える態度とはいえても，**東京への対抗心が大阪における維新支持を支えているとはいえないことになる。**

7 規範性をおびる府市一体化への選好

維新支持態度の根源にある「規範意識」について，少し考えてみよう。筆者は，ある都構想反対派の人にこう問われたことがある。「維新を支持する人には，何か規範的な意識があるのではないでしょうか」。維新支持の背後には「あるべき姿」を追うようなイメージがあるように見える，それは何か，という問いだったと記憶している。

分析結果を先取りして述べると，この反対派の人が感じた維新支持は規範性を帯びるという指摘は的外れではない。強く相関するわけではないが，**維新支持態度を支える府市一体化への選好は，大阪市の利益に固執せず，より集合的な利益を求めるべきという規範意識に支えられている**。少なくともデータ分析の結果は，その傾向を示している。

1990 年代まで，多くの国会議員が地元利益の最大化を目的に行動していたとき，日本の有権者の多数は「政治家は地元利益のためにつくすべき」と考えていた（三宅一郎『日本の政治と選挙』東京大学出版会，1995 年，第 1 章）。しかし時代は変化し，財政の逼迫や少子高齢化が進展するなかで，長期的視点に立った全体利益を重視する人が都市部を中心に増加する。大阪市も例外ではない。筆者が 2019 調査で大阪市民の「地元利益志向」を測定したところ，全体の利益を重視すると回答した人は 69％，地元利益は 31％ だった。質問文は以下のとおりである。なお選択肢は「全体の利益を代表」から「地元の利益を代表」までの 4 件尺度である。

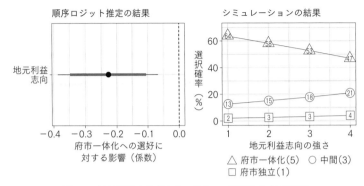

図2-4　地元利益志向が府市一体化への選好に与える影響

注：左図は順序ロジット推定の結果を整理したものである。統制変数は大阪における政党支持，性別，実年齢，学歴，居住年数，政治関心である。またグレーの太線は推定値の95%信頼区間，黒色の細い線が99%信頼区間である。右図は事後シミュレーションの結果である。2と4の選択確率は省略している。

一般に政治家の中には「国の代表者」として「全体の利益」を第一に考える人もいれば，逆に「地元の代表者」として「地元の利益」を第一に考える人もいます。あなたはこの2つのタイプのうち，どちらがより望ましい政治家だと思いますか。

　この質問で測定した地元利益志向と府市一体化への選好の関係を分析したところ，全体の利益を志向する人ほど府市一体化を選好するという，図2-4に示す結果が得られた。左側が順序ロジット推定の結果をまとめたもので，右側の図が結果を解釈しやすくするための事後シミュレーションの結果である。なお，この分析も図2-3の分析と同様に，複数の要因の影響を統制している。

　左側の図を見ると太い線も細い線も0に重なっていない。よって

地元利益志向は府市一体化への選好に有意な影響を与えていると解釈できる。次に右側のシミュレーション結果を確認する。地元利益志向が弱いときと強いときで，府市一体化を強く選好する確率が20ポイント変化する。**全体の利益を志向するほど，府市一体化への選好が強くなることを示す結果である。**

　「全体の利益」より「地元の利益」を重視すべきだと考えている人は，府市がバラバラなほうがいいと考える傾向にある。他方で「全体の利益」を重視すべきだと考える人は府市の一体的運営を望む傾向にある。前節までの議論と整合的な結果が得られたと見てよい。

　「大阪」を代表する維新という見方は理解することが難しい。大阪以外の人から見ると維新は大阪という地元利益の追求者とみなされがちだ。しかし維新は市域を超えた「大阪」の利益を追求するために，地元利益を重視する大阪市民から見ると批判の対象になる。図2-4は，そのような維新の立ち位置を明らかにするものともいえる。

8　ま と め

　本章ではまず，大阪が抱える構造的問題を概観したうえで，有権者の選好とそれに合致する政治的主体という観点から，維新が支持される理由を説明した。大阪府と市の利害を調整し，「大阪」の利益を代表するために，維新は政党を機能させた。政党の利害調整が機能不全に陥っている他の政党と比べたとき，たとえ多くの問題を抱える集団だとしても，大阪市民は維新を支持し，投票先として選択する。そのようなメカニズムとして維新支持の論理を理解する必

要がある。

　本章の分析結果は，大阪市民が府と市の一体的運営を強く望んでいること，そしてそのような人は維新を支持する傾向にあることを明らかにしている。「都」への渇望も維新支持態度の要因となっているが，そのような選好をもつ大阪市民は少ないこともあり，東京への対抗心が重要とはいえない。さらにいえば，府市一体化への選好は，集合的利益を重視する大阪市民の規範的意識によっても支えられていた。この結果も，維新が「大阪」の代表者だから支持されているという主張を裏付けるものである。

　本章で分析した府市一体化への選好は，2019 年の大阪クロス選で松井が勝利した理由を説明する際にも重要となる。次章では，なぜ維新はクロス選で勝利したのかという問いにこたえつつ，そこで府市一体化への選好が果たした役割を明らかにする。

Column ①　維新は改革するから支持される？

　筆者はしばしば「維新は改革政党だから支持される」という声を耳にする。たしかに維新は，良くも悪くもだが，大阪でさまざまな改革を行ってきた。そのことは事実だろう。しかしよく考えるとこの説明には不明瞭な点も多い。

　改革を行おうとしていない政党があるのかを少し考えてみよう。政権与党である自民党は，これまでさまざまな改革を行ってきた。当然，立憲民主党や公明党，共産党にも，各々が掲げるビジョンがあり，その実現に向けて変えようとしている。国政であれ地方であれ，維新だけが何かを変えてきたわけでも，変えようとしているわけでもない。

　変えるかどうかではなくその中身が重要なのだという指摘があるかもしれない。つまり維新の新自由主義的な改革姿勢が評価され，

支持されているということだ。たしかに，国政政党としての維新は規制緩和の必要性を主張する。大阪維新が規制緩和にどのようなスタンスなのかは判然としないが，真っ向から反対することはないだろう。

　しかし，だから維新は新自由主義的なのだと結論づけるのは早計だ。たとえば 2019 年の朝日・東大谷口研究室の調査結果を確認しよう。意外なことに国政での維新は，「お金のかからない小さな政府が良い」という意見に賛成しておらず，「財政出動を行うべきだ」という意見に反対しておらず，「社会的格差の是正」より「経済競争力を優先」すべきだと考えているわけでもない。維新が新自由主義的改革を志向する政党なら，このような結果になるのは腑に落ちない。

　政治学には，政党のマニフェストや，先の朝日・東大調査などを用いて，政党の政策的な位置を分析する研究が蓄積されている（谷口将紀『現代日本の代表制民主政治──有権者と政治家』東京大学出版会，2020 年など）。これらの研究は，包括的な視点から政党のスタンスを分析する。そうしないと，政党の特徴を描き出すことができないからだ。維新が部分的に新自由主義と合致する政策目標を採用していたとしても，それが政党全体の特徴を意味するわけではない点には注意する必要がある。

　もちろん実際に政党がやっている，あるいはやろうとしていることと，有権者が政党をどう認識するかは別の問題だ。それぞれの政党が現実に何をしているかはともかく，維新に対して「何かを変えそう」「改革を実行しそう」というイメージが有権者の中で形成されているのなら，冒頭で述べた主張には妥当性がある。

　この点については，近年，若い有権者（40 代以下）が維新を革新政党とみなす傾向にあることを示す研究が参考になる（遠藤晶久・ウィリー・ジョウ『イデオロギーと日本政治──世代で異なる「保守」と「革新」』新泉社，2019 年）。かつて日本における保守と革新は，憲法

問題や外交問題や，開発と福祉をめぐるスタンスの違いを意味する
ものだった。しかし近年では若い有権者の中に，保革イデオロギー
を現状維持か変化かという軸として解釈する人が増えてきた。この
流れの中で維新は革新政党，すなわち「変える政党」として位置づ
けられているということだ。

　このように説明すると，やはり維新は改革政党と認識されている
から支持されているじゃないか，と思う人がいるかもしれない。し
かし，この話には続きがある。たしかに維新は若い人の中で革新政
党とみなされている可能性が高い。ただ，注意しなければならない
のは，維新をそのような特徴をもつ政党とみなすことと，それが投
票選択の際に維新を選択する理由になることは，別の問題だという
ことだ。

　たとえば，有権者の改革志向と政治的リーダーへの感情の相関を
分析した結果を見ると（遠藤・ジョウ，前掲書，第6章），有権者の改
革志向は橋下徹や松井一郎といった維新関係者に対する好き嫌いの
感情と，統計的に有意に相関する。しかし，相関の程度はかなり弱
く（係数値でいうと0.15程度），これだけを根拠に，改革志向と維新
支持を結びつけることはできないように思われる。

　さらにいえば，有権者の改革志向は，維新に関連する政治家への
好き嫌いとだけ相関するわけではないことも重要だ。具体的にいえ
ば，麻生太郎や岸田文雄といった自民党の政治家とも有意に相関す
るのだ。相関係数の値もほとんど差はない。改革志向が維新支持の
規定要因なら，維新に関係する政治家と特に強く相関しなければな
らないが，そういうわけではないようだ。

　改革という言葉と維新などへの感情が強く相関しないことは，他
の研究からも示唆される。たとえば有権者の感情構造を分析した研
究では（三輪洋文「感情温度が表すもの──東京大学×朝日新聞社の世論
調査から」吉田徹編『民意のはかり方──「世論調査×民主主義」を考え
る』法律文化社，2018年），「改革」というワードと橋下や維新への

感情の間の距離が近いわけではないという結果が示されている。改革という言葉に好意的だからといって，それが維新を好意的に見る理由になるわけではないと解釈できる。

　一般化していえば，ある政党がどのような特徴をもっているかという問いと，その特徴が支持の理由になっているかという問いは別ということだ。両者を混同してしまうと，維新が支持される理由を誤って理解することにつながってしまう。ここまで述べた知見に照らし合わせたうえで，現時点でもっともありうる推論を述べるなら，維新は改革政党だから支持されているわけではない，ということになるのではないだろうか。

第**3**章

クロス選の謎を解く

2度目の住民投票の背景には，2019年4月の大阪市長・府知事クロス選（2019クロス選）での維新の勝利がある。都構想に反対していた公明党が賛成へと舵を切った理由も，この選挙で松井と吉村が勝利したからだ。なぜ「脱法行為」などと批判されながらも，維新は大勝したのか。第3章では2019クロス選で維新が勝利した要因を，2019調査の分析から明らかにする。次頁の図3-1は，大阪市議選での投票先と大阪市長選での投票先の関係を整理したものだ。この図にヒントが隠されている。このことを念頭におきつつ，本章を読み進めてほしい。

1　クロス選の経緯と結果

2019クロス選における大阪市民の投票行動を分析する前に，これがどのような選挙だったのか，その経緯と結果を簡単に振り返ることにしよう。あわせてこの選挙の結果を受けて，2度目の住民投票実施に向けた動きがどのように変化したのかも説明する。

2017年6月。特別区設置協定書を作成するための法定協議会が設置された当初，維新は2018年の秋頃に2度目の住民投票を実施することを目標としていた。しかし協議は難航し，維新はこの日程を断念せざるを得なくなる。その後，維新陣営は2019年4月の統

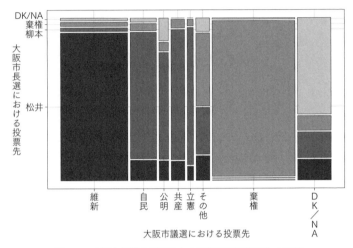

図 3-1　大阪市長選の投票先と大阪市議選の投票先の関係

注：横軸は市議選の投票先，縦軸は市長選の投票先である。DK は「わからない」，NA は無回答を意味する。市議選がなかった住吉区在住の回答者は NA とした。

一地方選での住民投票の実施をめざすが，これも結果としては断念することになる。いずれも公明党が住民投票の実施日程案に同意しなかったことが，その理由だった。

　業を煮やした松井は 2018 年 12 月 26 日に，記者会見の場で，維新と公明党の合意に関するある文書を公開する。**いわゆる「密約文書」と呼ばれているものだ。**維新は，公明党と今任期中に住民投票を実施することについて水面下で合意していた。そのことが明記されていた文書だ。

　公明党は，松井が水面下で取り決めていた合意文書を公開したことに対して強く反発し，事態はさらに深刻化した。この状況を打開する策として浮上したのが，市長と府知事のポストを入れ替えるク

ロス選挙という奇策だった。松井は，公明党から「確約」を得られ
ない場合，クロス選をしかけることを 2019 年 2 月 15 日には決断し
ていた。

　密約文書の公開以後も，維新と公明党は水面下でやりとりを続け
た。しかし公明党は譲歩することなく，維新と対決する姿勢を明確
化する。それを受けて松井と吉村は，2019 年 3 月 8 日にそれぞれ
辞職を届け出て，市長選には府知事であった松井が，知事選には市
長であった吉村が出馬し，2 度目の住民投票の実施に向けて「民意
を問う」たのである。

　クロス選の結果によって住民投票が行われるかどうかが決まる。
維新陣営にとっても反維新陣営にとっても，この選挙は負けること
のできない選挙だった。

　**クロス選という奇策に打って出たものの，維新に勝算があったわ
けではない。**むしろ不利な材料がそろっていたと見たほうがよい。
第 1 にクロス選という手法を多くの識者は強く批判した。「政治ポ
ストの私物化」「脱法行為」など，維新に対しては多くの非難が浴
びせられた。もちろん，これが選挙結果にどのくらい影響するかは
わからないが，プラスに作用する可能性は低い。

　第 2 に当時の大阪市民の松井支持率は高くなかった。どの時期の，
どの調査かにもよるが，選挙前調査の段階では，対立候補だった柳
本顕を支持する声のほうが多かった可能性さえあった。選挙期間中
の情勢調査では「松井一歩リード」と報じられていたが，事前の段
階では松井が有利な状況にはなかったとされる（朝日新聞大阪社会部
『ポスト橋下の時代──大阪維新はなぜ強いのか』朝日新聞出版，2019 年，p.
124）。

　しかし，大阪府知事選や市長選の結果は，維新の圧勝といえるも

のだった。市長選で松井は 66 万 819 票を獲得し，対立候補だった柳本に勝利した。同様に吉村も 226 万 6103 票を獲得し，対立候補だった小西に勝利した。両者とも，「ゼロ打ち」と呼ばれる，開票直後に当選が確定する票差での勝利だった。

　大阪市会議員選挙と府議会議員選挙の結果も衝撃的だった。一方の市議選で維新は，43 人を公認候補として擁立し，うち 40 人が当選した。告示前の維新の議席数は 34 だったので 6 議席増やしたことになる。他方の府議選で維新は 55 人の候補者を擁立し，うち 51 人が当選した。告示前の議席数は 40 だったので 11 議席増やしたことになる。大阪市会では議会単独過半数には届かないものの，府議会では単独で過半数を占める勢力となった。

　クロス選の結果を受けて公明党は，2 度目の住民投票の実施のみならず，大阪都構想に賛成する方向へと舵を切った。2019 年 5 月 19 日の会合で，公明党から維新に，都構想反対から賛成へと方針を変更する意向が伝えられた。より正確にいうと，同年 5 月 25 日の会合で以下の 2 点について（4 つの条件付きで）合意する旨が発表された。

- 維新と公明党が賛成の立場で法定協議会に参加すること
- 1 年をめどに案をまとめ，可決すること

　この会見の最後に，松井と公明党大阪本部代表の佐藤茂樹が握手をした。2 度目の住民投票の実施に向けた維新と公明党の闘争が決着した瞬間だった。

2　大阪クロス選挙をめぐる謎

　維新陣営がもっとも重視していたことは大阪市長選で松井が勝利することだった。府知事選では，事前の調査などで吉村が勝利する可能性が高いという結果が出ていた。しかし松井は，先に述べたように勝てるかどうかわからない状態だった。松井は維新の代表でもある。維新は「大将」を獲られるわけにはいかなかった。

　維新がいかに大阪市長選に傾注していたかは，松井と吉村がどこで演説をしていたかというデータにはっきりと示されている。朝日新聞社が各陣営の演説会場を分析した結果を見ると（『朝日新聞デジタル』2019年4月2日付），維新陣営の演説会場は大阪市に集中している。府知事候補であった吉村の演説場所も大阪市に集中していた。府内全域で演説していた反維新陣営の小西とは対照的である。

　松井が勝利した最大の理由をあげるとすれば，大阪で維新が支持されているからとなる。この説明は誤りではないが十分でもない。維新をふだん支持している人たちだけではなく，維新以外の政党を支持している人や，維新以外の政党に投票しがちな人も松井に投票した。これがなぜかを考えなければならないからだ。

　このことは，市議選の結果と市長選の乖離を見ると明らかである。2019年の市議選において，維新の候補者の得票数合計は49万9275票であった。市議選が行われなかった住吉区の得票数を加味したとしても，松井の得票数である66万819票には届かない。先に示した図3-1も，松井が維新所属の市議に投票した人「以外」から一定の票を獲得していたことを示している。

　ここで大阪の政治に詳しい人は，2019年大阪市長選の出口調査

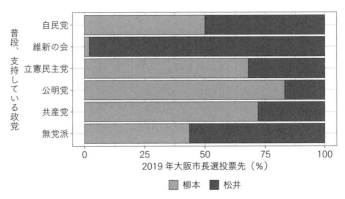

図3-2 毎日新聞社などによる出口調査の結果

の結果を思い浮かべたかもしれない。このとき，出口調査の結果で自民支持層の票割れが話題になったのだ。

図3-2は，毎日新聞社など6社が合同で実施した出口調査の結果を整理したものだ（『毎日新聞』2019年4月7日付）。支持政党と大阪市長選での投票先を組み合わせることで，どの政党の支持者がどの候補者に投票したのかを調べている。不思議なことに，**自民党支持者の半数近くが，市長選では無所属となっていたとはいえ，もとは自民党の議員だった柳本ではなく松井に投票していたのである。**

たしかに自民支持層が離反し，柳本ではなく松井に投票したのであれば，たとえ逆風の中でも松井は勝つだろう。自民支持層は，大阪市では維新支持層につぐボリューム層である。無党派に加えて自民支持層の半数近くが松井に投票したことの意味は大きい。

なぜこのような現象が生じたのか。**メディアなどでは維新陣営の「野合批判」が，自民支持層の票割れを引き起こしたという見解が述べられていた。**大阪では，たとえ国政では対立する政党であって

も，打倒維新という目標の下で共闘することがままある。それに対して維新陣営は「自共共闘」などと批判し，それが自民支持層の票を割ったという説だ。

しかし筆者は，維新陣営の野合批判には自民支持層の票割れを生じさせる効果はほとんどなかったと考えている。なぜか。自民支持層の票はもとから割れているからである。

第 1 章で明らかにしたように，大阪では国政自民，大阪維新というように，国政と地方政治で支持政党を変える層が一定数存在する。国政での自民支持層の中には，もとから大阪では維新を支持する人がいるのだ。要するに野合批判があってもなくても図 3-2 と同じ結果が示される可能性が高いということだ。

とはいえ，野合批判に効果があるかどうかは実際に検証してみなければわからない。次節では筆者が実施したサーベイ実験から，野合批判の影響を分析する。

3　じつは効果がなかった自共共闘批判

2019 年の選挙期間中に，あるネット上の広告が話題を呼んだ。その広告にはこう書いてあった。

「自共共闘？　維共共闘の間違いでしょ！」

反維新陣営が野合批判に反応せざるを得なくなったきっかけは，2019 年 3 月 24 日の選挙演説にある。維新の対立候補である小西と柳本が乗った選挙カーに，立憲民主党など国政では自民党と対立する政党の政治家の垂れ幕がかけられていたのである。吉村と松井が

これを Twitter で拡散し批判したことで，自民党は「火消し」に追われた。その 1 つがこのネット広告であった。

　思い返せば維新による野合批判は 2015 年の大阪ダブル選の時点からなされていた。このとき，自主支援という形ではあったが，国政で自民党と対立していた民主党や共産党は，自民党の候補者であった柳本や栗原貴子を応援していた。維新はこれに対しても野合と批判した。

　メディアでは，この野合批判が松井の勝利に貢献したと説明されている。たとえば『産経新聞』（2019 年 3 月 31 日付）では自民支持層の多くが維新の候補者に入れる傾向などにもとづき「（自共共闘の）影響はすでに出始めている」と述べられている。朝日新聞大阪社会部の書籍（朝日新聞大阪社会部，前掲書）の中でも，同様の趣旨の記述はある。**野合批判→票割れという因果関係**が想定されていることは明らかだ。

　そこで筆者は，自民党と共産党が協力することに対する拒否反応がどれほどあるのかを，大阪市民を対象とするサーベイ実験で検証することにした。この実験は 2019 調査に組み込む形で実施しており，結果はすでに別稿で公表している（善教将大「なぜ維新は勝利したのか──統一地方選の結果から見える維新支持の論理」『都市問題』110 巻 7 号，2019 年）。以下はその概略である。

　実験設計を説明すると，大阪市在住の回答者を 5 つのグループ（統制群と処置群 1 から 4）にランダムに割り当てたうえで，それぞれのグループに異なる画像（情報刺激）を見せ，その刺激が投票選択に与える効果を分析するというものだ。実験に使用した質問と情報は図 3-3 のとおりである。

自民党	候補者 B（維新以外）を**公認**
公明党	候補者 B（維新以外）を**推薦**
立憲民主党	候補者 A・B ともに**公認・推薦なし**
共産党	候補者 A・B ともに**公認・推薦なし**
【処置群 1】	
＊維新 vs. 自公画像	

自民党	候補者 B（維新以外）を**公認**
公明党	候補者 B（維新以外）を**推薦**
立憲民主党	候補者 A（維新公認候補）を**推薦**
共産党	候補者 A（維新公認候補）を**推薦**
【処置群 2】	
＊維立共 vs. 自公画像	

自民党	候補者 B（維新以外）を**公認**
公明党	候補者 B（維新以外）を**推薦**
立憲民主党	候補者 B（維新以外）を**推薦**
共産党	候補者 B（維新以外）を**推薦**
【処置群 3】	
＊維新 vs. 自公立共（公認有）画像	

自民党	候補者 B（維新以外）を**推薦**
公明党	候補者 B（維新以外）を**推薦**
立憲民主党	候補者 B（維新以外）を**推薦**
共産党	候補者 B（維新以外）を**推薦**
【処置群 4】	
＊維新 vs. 自公立共（公認無）画像	

図 3-3　実験で使用した処置群に提示した画像一覧

仮に 1 ヶ月後，大阪維新の会が公認する候補者 A とそれ以外の政党の候補者 B の争いとして大阪市長選挙が行われるとしたら，あなたはその選挙で投票しますか，それとも棄権しますか。

図 3-3 に示すように，処置群 3 と処置群 4 の欄にまとめた情報が「自民党と共産党がタッグを組んでいる組み合わせ」となる。自共共闘の組み合わせと言い換えてもよい。したがってこの組み合わせに拒否反応を覚える有権者が多いのであれば，画像を見せない統制群と処置群の間に，投票選択に関する有意な差が生じると予測される。具体的にいうと①統制群よりも処置群 3 や 4 の候補者 A 選択率が高いか，②候補者 B 選択率が低いかのいずれかが確認されたら，野合批判には効果があるといえる。

図 3-4 は実験結果をまとめたものだ。この図から明らかなように，組み合わせに関する情報を掲示しない統制群と，情報を掲示した処置群の間に，ほとんど投票選択率の差がない。もちろん多少の相違

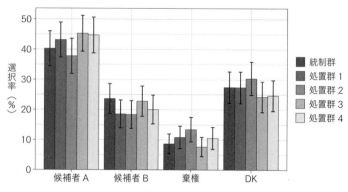

図 3-4　野合批判の効果を分析する実験の結果

注：横軸は選択肢，縦軸は各選択肢の選択率，図中のエラーバーは選択率の
　　95% 信頼区間である。

はあるのだが，すべて誤差の範囲内におさまる差だ。

　図 3-4 からいえることは，野合批判の効果はそれほど大きくなか
った可能性が高いということだ。どの組み合わせを見せても，候補
者 A の選択率が有意に高くなったり，候補者 B の選択率が低くな
ったりすることはない。野合批判が有権者の意思決定に強く作用す
るなら，このような実験結果にはならない。

　このことは裏を返せば，多くの大阪市民にとって野合しているか
どうかなど，そこまで重要な関心事ではないということだ。もちろ
ん強い態度をもつ支持者は別だろう。長年自民党を支持し続け，強
い愛着をもっている人にとって，どの政党とタッグを組むかは重要
な問題だ。しかし，それはあくまで一部の人に限られるのだ。

4　自民支持層の票割れのメカニズム

　野合批判に効果がないのなら，自民支持層はなぜ割れていたのか。
ここでポイントとなるのが，第 1 章で説明した政党支持のねじれで
ある。図 1-4 の結果を思い出してほしい。大阪市民の中には国政と
大阪の政治で支持政党を変える人が一定数いた。特に国政で自民党
を支持している人が，大阪の政治では維新を支持する傾向にあった。

　大阪の政治は国の政治と対立構造などが異なる。そのため支持政
党を聞く場合，「普段，どの政党を支持しているか」ではなく，「大
阪の政治で，どの政党を支持しているか」と尋ねたほうがよい。国
の政治における政党支持だと，地方レベルの政治における政党支持
を正確に測定できないからだ。専門的な言い方をすると「**測定誤差
(measurement error)」が発生し，本来測定すべきものとは別の態
度を測定してしまう**のだ。

　出口調査の政党支持の質問には，この測定誤差の問題があった可
能性が高い。本来は大阪の政治における支持政党を尋ねなければな
らないのに，普段の支持政党を尋ねることで，国の政治における支
持政党を回答する人が増える。当然，国政で支持する政党は大阪の
政治における支持政党と同一ではないので，投票選択とのズレも大
きくなる。

　図 3-5 は，国の政治における支持政党（左側）と大阪の政治にお
ける支持政党（右側）が，市長選の投票行動とどのように関係して
いるかを可視化したものだ。注目してほしいのは横軸の「自民党」
である。ここに票割れの正体がある。

　国の政治における支持政党を用いた左側の結果を見ると，たしか

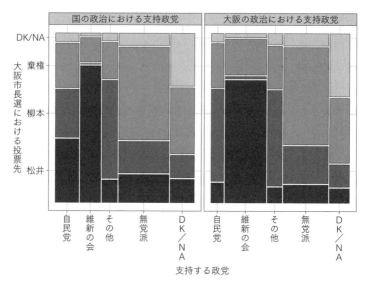

図 3-5　政党支持における国／大阪の違いと市長選投票先の関係

注：横軸は支持政党，縦軸は市長選の投票先である。「その他」には，公明党支
　　持，立憲民主党支持，共産党支持，それ以外の政党支持者が含まれる。

に自民党支持者の中で票が二分されている。図 3-2 に示すような票
割れが起きているということだ。これに対して大阪の政治における
支持政党を聞いた右図を見ると，自民党支持者の多くは柳本に投票
している。松井に票を入れている人もいるが，左側の図ほど割れて
いない。2019 年の大阪市長選での票割れの主要因は，野合批判に
より自民支持層の票が割れたからではなく，上述した測定誤差に起
因していたことを，図 3-5 は明らかにしているのである。

　野合批判に効果がないのであれば，松井はなぜ勝てたのか。この
問いにこたえるには，次の 2 点の原因を解明しなければならない。
第 1 は維新を支持する人が離反しなかったことである。維新を支持

する人の多数が離反することなく松井に投票したが，それはなぜか。第2に維新以外の政党の支持者も，松井に投票した。自民党支持者だけではない。公明党，立憲民主党，共産党支持者も，2割程度だが松井に投票している。これはなぜなのか。

　なぜ維新支持者は離反せず，他党の支持者は離反したのか。次節ではその鍵をにぎる政党ラベルの効果を分析する。

5　維新という政党ラベルを機能させる

　維新には他党にあまり見られない特徴がある。**選挙の際に候補者が，自身が維新所属の候補者であることを積極的にアピールすることだ。**維新という政党に有権者の選択に資する情報をラベリングし，候補者も自身の個性ではなく維新という地域政党の一員であることを積極的に伝える。そうすることで，維新を支持する人であれば迷うことなく投票してもらえる戦略を維新は採用している。

　維新であることをアピールして選挙を戦う。大阪では当たり前すぎて誰も不思議に思わないかもしれないが，じつは，理論的に考えるとこのような戦略を維新が採用することは普通ではない。なぜなら選挙制度の理論からすると，維新所属の議員は，政党を前面に押し出すよりも自身の個性を押し出すほうが理に適っているからだ。

　大阪市会議員を選ぶ選挙制度は中選挙区制と呼ばれる。1つの選挙区に2から6の定数が割り振られ，有権者は1つの票を候補者に投じる。投じられた票は他の候補者に割り振られることなくその候補者のものとなる。そして選挙区内の得票数順に当選者が決まる。このような特徴をもつので中選挙区制は単記非移譲式投票制度（Single Non-Transferable Voting：SNTV）と呼ばれることもある。

中選挙区制のポイントは 2 つある。**1 つは選挙区内で多数の票の獲得をめざさなくなる誘因を候補者に与えることだ**。その理由は単純である。この制度のもとでは「選挙区内の投票者数／（選挙区定数＋ 1）」票を獲得すると，当選できるからである。

たとえば投票者数が 10 万人，選挙区定数が 6 の選挙区があるとする。この場合，候補者はわざわざ過半数以上の票数の獲得をめざさなくても，$100,000 ／ 7 ＝ 14,286$ 票とれば当選できる。特定の候補者が大きな票田をもっていると，さらに少ない票で当選できる。たとえば 10 万のうち 5 万人が候補者 A に入れる場合，$50,000 ／ 6 ＝ 8,334$ 票が最低ラインとなる。50,000 票をとっても，8,334 票をとっても当選できるのだから，より楽なほうを票の獲得目標とする傾向を強める。このように中選挙区制は候補者を「少数票を獲得する」方向に誘う。

もう 1 つの重要なポイントは，同じ政党の候補者間の協力を阻害することだ。中選挙区制のもとで，ある政党が議会の多数派となるには，定数 3 以上の選挙区で同じ政党から 2 人以上の候補者を擁立しなければならない。同じ政党内で票を共有できる制度ならよいのだが（＝移譲式），中選挙区制は「お前の票はお前のもの，俺の票は俺のもの」というルールになっている。それゆえに政党 A の候補者 X1 の最大のライバルは，自分の票をとってしまうかもしれない政党 A から擁立されている別の候補者 X2 となるわけだ。

同じ選挙区に政党 A が X1 と X2 を擁立したとき，彼ら彼女らは政党以外のポイントをアピールしなければならなくなる。たとえば X1 と X2 で担当地域を分けて，誰がどの地元の代表かを明確化する。自分の担当する地域の地縁組織などとネットワークを構築し，候補者個人を支援する後援会を組織するなどの「地域割り」を行う

ことで，自分の票がライバルにとられることを防ぐ。中選挙区制の
もとでX1とX2がともに当選するには相互に独立した状態で，政
党ではなく自身の個性をアピールしなければならない。

　中選挙区制はこのような特徴をもつため候補者に，政党ではなく
個人を重視させる誘因を与える制度として知られている。1つの選
挙区に1人しか候補者を擁立しない場合，有権者はまだ政党で判断
できる。しかし同じ政党が複数の候補者を同一選挙区内に擁立した
場合，政党以外の要素を強調したほうがいいと候補者は考えるので，
政党以外の要素をアピールしがちとなる。候補者が自身の思いなど
を強調するので，有権者も政党より個人で選ぶようになる。

　この中選挙区制の呪縛を打ち破ったのが維新だ。維新の候補者は，
たとえ同じ選挙区内に同じ維新の候補者がいても，候補者個人より
も維新であることを伝え，そのことを積極的にアピールする。維新
の一丁目一番地が都構想の実現なので，政策としても，都構想をア
ピールする。それに呼応する形で有権者も，維新の場合は候補者個
人よりも維新であることを重視して投票する傾向を強める。

　選挙制度の理論的想定とは逆の戦略を維新が採用した背景には，
いくつかの事情があったように思われる。維新が大阪市会や府議会
の多数派となるには，地盤のない新人候補でも擁立せねばならず，
かつ，彼ら彼女らを勝たせる必要があったこと。大阪市民の府市の
一体的運営に対する思いが強く，維新内で票が割れても当選ライン
に到達する可能性が高いこと。候補者ではなく維新という政党のラ
ベルを強調する戦略が偶然にも一定の成功をおさめたこと。これら
以外にも多くの偶発的な出来事が重なるなか，維新は選挙制度の特
性からは考えにくい戦略を採用し，定着させていったのだ。

　特に重要だったのが，維新あるいは都構想という政策に候補者の

個性がかき消されるので，候補者個人の知名度が低くても，当選ラインを超える票を獲得できることだ。有権者は維新であることを重視して投票先を選ぶので，「維新の候補者ならよい」状態が作り出され，その結果，票がうまく分散される。地盤などを作って候補者間で棲み分けを行う必要性も薄れるので，府議や市議の間の協力関係も築きやすい。

　図3-6は，実際に筆者が2019年の大阪市会議員選挙における考慮事項と投票先の関係を調べたものだ。考慮事項は「今回の大阪市長選や府知事選などについて，あなたは政党の方を重く見て投票しましたか，それとも候補者個人を重く見て投票しましたか」という質問で測定した。選択肢は「政党を重く見て（＝政党）」「候補者個人を重く見て（＝候補者個人）」「どちらともいえない」である。

　図の中ではわずかな差に過ぎないが，市議選で投票の際に政党を重く見て投票していたのは維新所属の議員に投票した人たちである。ここで強調すべきは，**2019年の市議選で，同一選挙区内に複数の候補者を擁立していたのは，基本的には維新だったということだ。**維新は合計24ある選挙区のうち，18の選挙区で2人以上の候補者を擁立した。これに対して自民党が2人以上の候補者を同一選挙区内に擁立したのは，都構想反対票の大票田といわれている定数6の平野区のみだった。

　同一選挙区に同一政党から候補者が擁立されているか，という点からいうと，維新以外の政党に所属している候補者のほうが「政党」で選んだという回答が多くなるはずだ。しかし図3-6は，政党では選びにくい維新の候補者が「政党」で選ばれている。この理由は，維新の候補者が，維新という「政党」に所属している候補者であることを積極的にアピールし，有権者も維新という政党ラベルに

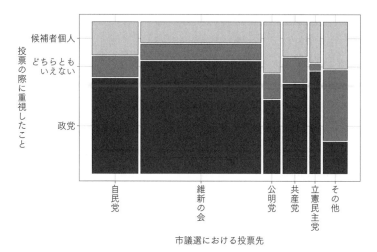

図 3-6 投票時の考慮事項と市議選における投票先の関係

注：横軸は市議選の投票先，縦軸は投票時の考慮事項である。

反応していたからだと考えられる。

　中選挙区制が与える誘因をこえて，維新が政党を前面に押し出して戦った。そのため維新を支持する人は維新という政党ラベルを用いて投票先を選択する傾向を強めた。維新を支持する人が柳本に投票しなかった理由は，維新という政党ラベルが維新支持者の離反を防ぐ役割を果たしていたからなのである。

6　松井と柳本の評価を分けたもの

　政党以外に投票先に影響を与えるものがあるなら，それは候補者個人に対する評価だ。ただ，個人に対する評価といっても，見た目などが重要だといいたいわけではない。それぞれの候補者が選挙期

間中，あるいはそれ以前からどのようなことを主張し，アピールしてきたか。そのような積み重ねも重要だ。

　第2章で明らかにしたように，府市の一体的運営に対する強い思いが，維新支持の中核にある。しかし府市の一体的運営を望む人のすべてが，維新を支持しているわけではない。府市の一体的運営を望むとしても，他の理由で維新という政党を支持しない人はたくさんいる。そのような人が市長選でどのような選択を行ったのかを考える必要がある。

　ここで反維新陣営の戦略を振り返ろう。反維新陣営の主張の中核にあるのは，大阪府と市の役割分担だった。維新陣営との決定的な違いはこの点にあったともいえる。柳本と小西は，あくまで大阪市は大阪市のことを考え，大阪府は市外のことを考えるべきだと主張していた。

　維新に強く反発する大阪市民にとってはそれでよかったのかもしれない。しかし，そうではない緩く維新を支持したり，あるいは緩く維新を支持しなかったりする多数の人にとって，この主張は府市間の調整に対する消極的な姿勢と受け止められた。

　大阪市長選は，その結果が都構想の是非と直接関わるものだった。そのような事情もあり，維新と反維新陣営は大阪市と府のあり方について，それぞれの考えを主張した。このことにより，多くの有権者の中で，大阪府と市の関係をどうするかが重要な関心ごととなった。

　府市のあり方が争点として顕在化するなかで，その一体的運営を強調する松井と，独立性や役割分担を強調する柳本。この差が，両者に対する評価の差につながった。府市の一体的運営に対する選好は，維新をどのくらい支持するかだけではなく，両候補者への評価

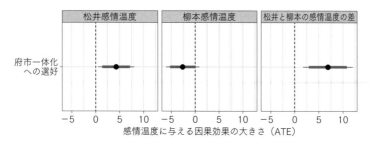

図3-7　府市一体化への選好が松井・柳本感情温度に与える効果

注：図注の丸印は平均処置効果（Average Treatment Effect：ATE）の推定値であ
り、細い棒は99%、太いグレーの棒は95%信頼区間である。左図が松井感情
に対して、中央が柳本感情に対して、左図が感情温度の差に対して与える因果
効果の推定値となっている。重み付け用のスコアはFongらの考案したノンパ
ラメトリック共変量バランシングスコアである。共変量は東京への対抗心、大
阪における支持政党、政治関心、維新のイデオロギー認識、性別、年齢、学歴、
居住年数である。なお感情温度には欠損値が多いことから、多重補完法によっ
て欠損値を補完したうえで重み付けスコアを推定し、それを用いてATEを推
定している。多重補完の際のデータセット数は30である。

にも影響を与えた。つまり府市間の協調を重視する人が、柳本より
松井を肯定的に評価する傾向を強めたのだ。

この筆者の主張を裏付けるのが図3-7に示す分析結果である。こ
の図は、感情温度という方法を用いて松井と柳本に対する好嫌度を
測定したうえで（0～100度）、第2章で紹介した府市一体化への選
好が与える効果について、逆確率重み付け推定（Inverse Probability
Weighting）という方法によって分析した結果を整理したものである。

図3-7に整理した効果は、府市一体化への選好が強くなると、感
情温度が平均的にどのくらい変動するかをまとめたものだ。たとえ
ば松井の感情温度に対する効果は4.28ポイントとなっている。こ
れは府市一体化への選好の強さが1段階上がると、松井の感情温度
が4.28度上がることを意味する。丸印の左右に伸びている棒が0

と重なっていないので，松井感情に対してこの選好は有意な影響を与えるといえる。

　他方の柳本の感情に対する効果の値は−2.63 ポイントである。感情温度を下げる効果があるように見えるが，95％ の信頼区間を示すグレーの太い棒が 0 に重なっている。柳本の感情温度に対しては，下げるとはいいきれない結果である。なお，感情温度の差でいうと 6.9 ポイント変動させる効果があり，横棒も 0 に重なっていないので，府市一体化への選好が強くなるほど，松井と柳本の感情の差は広がる。

　以上の分析結果は，政党支持の影響を統制している。つまり、政党支持とは独立に，府市一体化への選好が松井と柳本に対する感情ないしは評価の差の原因となっていることを示す。**政党支持とは別の候補者個人に対する評価は，彼らの政策のスタンスの違いと，それに対する大阪市民の評価によって説明される。**

7　ま　と　め

　第Ⅰ部の締めくくりとなる本章では，2 度目の住民投票の直接的原因となった 2019 クロス選の結果を分析した。特に筆者が注目したのは大阪市長選における松井の勝利だった。事前の調査で有利と報じられておらず，逆風が吹くなかで，なぜ松井は勝利したのか。この謎を解くことが，本章の課題だった。

　メディアなどではその原因として維新陣営による野合批判が取り沙汰されていた。しかし実験の結果はこれを支持せず，野合批判には投票選択を強く左右する効果はなかった。

　ではなぜ勝てたのか。1 つは維新が政党ラベルをうまく活用した

からである。市議選においても政党を重視し維新に投票する大阪市民の存在は，維新がうまく政党ラベルを活用していたことを裏付ける。これにより維新支持者の離反が抑制されたということだ。

　もう 1 つは，大阪市民の府市の一体的運営に対する選好が候補者に対する評価に影響を与えたからである。大阪府と市の一体的運営を強調する松井に対して，柳本は両者の独立性を強調した。この政策的なスタンスの違いとそれに対する評価が，維新を支持しない一部の人が松井に投票したという帰結を生み出したのだ。

　大阪の有権者の府市の一体的運営に対する思いを背景に，2019 クロス選で勝利した維新だったが，2 度目の住民投票の結果は反対多数となり，都構想は再度否決されることになる。これはなぜか。第 II 部では，住民投票をめぐる複数の謎を解き明かしながら，反対多数となったメカニズムを明らかにする。

第Ⅱ部
特別区設置住民投票

御堂筋でデモをする大阪都構想反対派の人たち（2020 年 10 月 10
日午前，大阪市中央区。写真：朝日新聞社／時事通信フォト）

第**4**章
住民投票の特徴と反対多数をめぐる謎

　第4章は，第5章から第7章の議論を理解するための前提知識の共有を目的としている。住民投票の結果は，2015年も2020年も僅差での否決である。同じ内容の住民投票だったという印象を抱く人も多い。しかしその内実は大きく異なる。反対優勢という状況で維新が追い上げるなか，かろうじて大阪市民が踏みとどまった2015年とは異なり，①賛成優位という状況であったにもかかわらず，②徐々に賛否が拮抗していき，③最終局面で賛否が逆転した。それが2020年の住民投票の経緯である。2度にわたり反対多数となったメカニズムは，これらの謎を解明しなければわからない。

1　ほとんど同じ住民投票の結果

　2度にわたる反対多数という結果を見て「同じような結果だ」という印象を抱く人は多いだろう。たしかに住民投票の結果には共通するところが多い。特にどちらも僅差での否決という点は一緒だ。
　住民投票の結果を振り返ることにしよう。2015年の住民投票の結果は，賛成69万4844票（49.6%），反対70万5585票（50.4%）であった。わずか1万741票差での都構想否決だった。票数や比率は異なるが僅差という点は2020年の住民投票の結果も共通する。2020年の住民投票で賛成は67万5829票（49.4%），反対は69万

2996 票（50.6%）だった。

　投票率が高かった点も共通している。2015 年の住民投票の投票率は 66.8% だった。一般に都市部の投票率は低くなりがちであることを念頭におけば，高い投票率である。2020 年の住民投票はコロナ禍の中で行われた。そのため投票率の大幅な低下を危惧する人もいたが 62.4% だった。どちらの住民投票においても，多くの大阪市民が住民投票や都構想に関心を寄せていたということだ。

　投票選択についてはどうだろうか。NHK が実施した出口調査の結果によると（「NHK 政治マガジン『大阪都構想』民意は大阪市存続を求めた」2020 年 11 月 4 日），前回の住民投票で賛成に入れた人の約 90% が 2020 年でも賛成に投票し，また，反対に入れた人の約 90% が 2020 年でも反対に投票したようだ。2015 年も 2020 年も，大阪市民は似通った選択をしたように見える。

　区ごとの集計レベルの結果も，2020 年の住民投票は 2015 年のそれと近似する傾向を見せる。2015 年の住民投票で賛成票が多かった区では，2020 年の住民投票でも賛成票が多い傾向にある。区レベルの 2015 年と 2020 年の住民投票の結果は強い相関関係にある。

　実際に相関関係を確認しよう。図 4-1 は，2015 年と 2020 年の賛否比率の関係と（上段図），賛成票数と反対票数の変動をまとめたものだ（下段図）。まったく結果が一致するわけではなく，前回の住民投票で賛成比率が高かった区で賛成率が微減する一方，反対比率が高かったところで賛成率が微増している。しかし両者の間には強い相関関係があることを示す結果となっている。賛成票数と反対票数の絶対値を見ても，どこかの区で大きな変動が生じたという結果にはなっていない。

　以上に見たように，2015 年と 2020 年の住民投票の結果は近似す

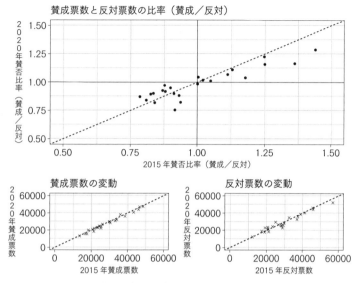

図 4-1　2015 年住民投票の結果と 2020 年住民投票の結果の関係

る。ここまで投票結果が似ていると，投票選択のメカニズムについても 2015 年と 2020 年ではほとんど変わらないという印象になってしまう。

　しかし結果を見るだけで，2015 年と 2020 年の住民投票における意思決定のあり方が同じだということはできない。第 1 章で述べた因果推論の第 1 のルールを思い出そう。どれだけ結果を見ても，そこから原因を特定することはできない。同じ結果であったとしても，その背後にある選択の論理まで同じとはいえないのだ。

　むしろ 2015 年と 2020 年の住民投票には，さまざまな点での相違があった。住民投票で賛否が問われた協定書の内容もそうだが，**決定的に異なっていたのは住民投票をとりまく環境，すなわち政治と**

世論の状況だ。これらを踏まえれば 2015 年と 2020 年の住民投票では，大阪市民の選択の論理は異なると考えるべきだ。

では，何が共通し，何が違うのか。以下ではこれらの点について確認していくことにしよう。

2　2015 年と 2020 年住民投票の共通点

2015 年と 2020 年の住民投票には結果以外にもさまざまな共通点がある。①根拠法，②政治活動，③大阪市の廃止と特別区の設置，④メリットとデメリットの基本線の 4 点に整理したうえで，それぞれ簡単に説明することにしよう。

第 1 の共通点は根拠法が「大都市地域における特別区の設置に関する法律」であることだ。条例ではなく，この法律を根拠に住民投票が行われることには，**賛成多数という結果に法的拘束力が付されるという点で，重要な意味がある**。

住民投票には，結果に法的拘束力が伴うものと伴わないものの 2 つがある。後者は住民投票の結果が尊重されるだけであり，あくまで決定する主体は議会である。しかし特別区の設置に係る住民投票に関しては，賛成多数になった時点で法的拘束力が発生する。この点は 2015 年の住民投票も 2020 年の住民投票も変わらない。なお，法的拘束力が発生するのは賛成多数の場合だけである。反対多数になったとしても，その結果に法的な意味での拘束力はない。

第 2 の共通点は政治家や市民の賛成あるいは反対運動に，選挙運動と同等の制約が課されていないことである。これは法律上，賛成・反対を主張する活動が選挙運動ではなく政治活動とされていることによる。戸別訪問は禁止されているが，選挙運動である場合に

課される多くの制約が，政治活動には課されない。

　政治活動なので，一般市民が自らビラを作成し配布したり，投票日当日に運動したりすることもできる。実際に住民投票の告示日後，政治家だけではなく一般市民もさまざまな形で賛成・反対運動を展開した。この点も共通点として指摘できる。

　ただし，当然の話ではあるが，強迫や買収などの違法・不法行為を行うことはできない。無制限になんでもできるわけではなく，選挙活動の際に課されていた制約が大幅に緩和されるということだ。

　第3の共通点は，**賛成多数となった場合に政令市である大阪市が廃止され，代わりに複数の特別区が設置される**ことである。特別区の数や区割りは2015年と2020年で異なるが，大阪市が廃止されることと，その代わりに特別区が設置されることは共通している。

　行政区と特別区は異なる。特に首長をどのように選ぶかという点で決定的な違いがある。特別区の場合，独立した自治体となるので，特別区長は公選，つまり選挙で選ばれる。自治体なので各区には議会も設置される。賛成派は，行政区域の規模が小さくなるので，より身近な行政を実現することができると主張していた。

　他方，特別区には政令市ほど多くの権限はない。特に政令市がもつ都市計画の権限が特別区にはない。大阪市が廃止される場合，大阪市の都市計画の権限は大阪府に逆移譲される。これは反対派が都構想のデメリットとして主張するポイントの1つでもあった。

　第4の共通点はメリットおよびデメリットとして主張されていた内容である。賛成派は「二重行政」が解消されること，さらなる経済成長をめざせることなどを都構想のメリットとして主張していた。細かな点での相違はあるが，この基本線は2015年も2020年も変わらない。

反対派の主張も同様である。2020 年の住民投票において反対派は，大阪市が廃止されること，政令市がもつ権限がなくなること，住民サービスの低下が危惧されることを主張した。これらはすでに2015 年の住民投票でも主張されていたことであり，2020 年の住民投票の際に新しく出てきたものではない。

3　「修正」された名称と協定書

　再度の住民投票を実施するにあたっては，住民投票で問われる協定書を練り直すことが必須の条件となる。前回の住民投票で問うた協定書案は，反対多数で否決されたからである。

　協定書の相違点は，細かな点まで含めれば多岐にわたるが，住民投票時の論争点に関わるものに限定すれば，①区割り，②設置コスト，③住民サービスと財源の 3 点が重要である。また，協定書の内容と直接関係するわけではないが，④名称の変更も反対運動の点からいうと重要な変更点である。

　第 1 に 2020 年の住民投票で問われた協定書の区割りは，2015 年のそれと異なる。2015 年の協定書では大阪市を廃止して，人口 40万人から 70 万人程度の 5 つの特別区（北区，東区，中央区，湾岸区，南区）を設置する案だった。これに対して 2020 年の案では，図 4-2に示すように，人口 60 万から 75 万人程度の 4 つの特別区（淀川区，北区，中央区，天王寺区）を設置する案へと修正された。

　5 区案を 4 区案に修正した背景には，特別区間の格差を縮小する意図があった。2015 年の 5 区案では，人口規模の差が最大 2 倍程度開いていたが，2020 年の 4 区案ではだいぶ抑えられている。とはいえ，「中央区」と「西成区」を 1 つの特別区にすることへの疑

図 4-2　2020 年の区割り案

出所：大阪府ホームページ（URL: https://www.city.osaka.lg.jp/fukushutosuishin/
　　　page/0000489173.html）。

問など，4 区案にも批判は寄せられていた。

　第 2 に特別区の設置コストが異なる。2015 年では約 600 億円と
見積もられていた設置コストが，2020 年の案では 241 億円となっ
た。維新は，前回の住民投票では「必要な投資」などと 600 億円の
設置コストを正当化していた。しかし 2020 年の住民投票では，設
置コストを下げるべきだと主張する公明党に配慮し，241 億円程度
へとコストが圧縮された。

　設置コストの圧縮方法の 1 つは既存庁舎の活用だった。特別区を
設置しても新庁舎を新設せずに，既存の区役所などを利用するので
ある。しかし，新庁舎を新設しない場合，大阪市役所を活用する北
区以外は執務スペースが不足する。そのため淀川区と天王寺区は，

北区の庁舎を「間借り」することが予定されていた。この間借り案に対しては，防災対応への懸念などから批判が寄せられていた。

　第 3 は住民サービスと財源である。2015 年の協定書では特別区になっても住民サービスを「低下させないように適正に引き継ぐ」ことが明記されていた。しかしこれでは不十分だということで，2020 年の協定書案では「住民ニーズを踏まえ，内容や水準を維持するよう努める」と明記した。あわせて，特別区設置の際に住民サービスが低下しないよう，2020 年の協定書には，はじめの 10 年間は特別区に対して，年度ごとに 20 億円分の財源を追加配分する旨も記載された。

　しかし，住民サービスがどうなるかはわからない。協定書は現状の住民サービスが維持されることを完全に保障するものではない。特別区長や区議会の判断でサービスが削られる可能性もある。設置コストが当初の見積もりより多くなってしまえば，その分，住民サービスを削らなければならなくなる。このような理由から反対派は，特別区が設置されると住民サービスは低下すると主張していた。

　そのほか，特別区への移行期間の変更（2 年→4 年）や特別区が担う事務（認定子ども園の認可など）の追加といった相違点もあるが，反対派にとって重要だったのは住民投票の名称変更である。前回の住民投票は「大阪市における特別区の設置についての投票」だったのに対して，2020 年は「大阪市を廃止し特別区を設置することについての投票」という名称になった。これは投票用紙の文言の変更を求める陳情が 2018 年に採択されたことを受けてのものだった（**Column** ②参照）。

4　賛成派の圧倒的優勢——公明党と世論の変化

　2015年と2020年で問われた協定書案はさまざまな点で異なるが，この相違点が都構想の賛否に大きな影響を与えた可能性は低い。メディアで積極的に報じられていたのは，都構想のメリットやデメリットについてであり，協定書の詳細は積極的に報じられていなかったからである。

　区割り案についても同様に，これが賛否に強い影響を与えるとは考えにくい。4区案より5区案のほうがよかったといった意見はあっただろうし，6区案や7区案という考えもあったかもしれない。しかし，意識調査を実施しながら名称を決めるなど，なぜ4区案かという理論武装も含めて，賛成側あるいは維新は区割り案を確定していった。読売新聞などが行った世論調査の結果でも（『読売新聞』2020年10月26日付），賛成あるいは反対の理由として区割りをあげる人は多くない。

　住民投票の結果に大きな影響を与えるという点でいえば，むしろ次の2点に注目すべきであるように思われる。**第1は公明党のスタンスである。第2は世論の動向である。**

　2015年と2020年の住民投票で決定的に異なっていたのは，協定書案ではなく政治的構図である。特に公明党の都構想に対する考え方に大きな違いが見られた。2015年では，公明党はあくまで都構想には反対の立場だった。住民投票の実施には賛同したものの，大阪市を廃止することに対する支持者の強い反発などから，都構想に反対する姿勢は崩さなかった。しかし2020年の住民投票では，第3章で述べたように賛成へと方針を転換した。

公明党が大阪都構想に賛成することの意味は大きかった。創価学会という強固な支持基盤をもっていることと、2015 年の住民投票はわずか 1 万 741 票差だったからである。もちろん、これまでの経緯を踏まえれば、公明党支持者の全員が賛成に投票する保証はない。しかし 2015 年の住民投票が僅差での否決だっただけに、維新にとって公明党の協力は重要だった。

世論の動向という点でも 2015 年と 2020 年の間には違いがあった。特に住民投票の 1 カ月前の情勢について大きな相違があった。2015 年の住民投票の前に行われた世論調査の結果は、多くが賛成より反対が多いことを示すものだった。これに対して 2020 年は、賛成が反対を上回る調査結果が多かったのである。

たとえば朝日新聞の世論調査を見ると、2011 年 10 月から 2013 年 2 月頃までは、都構想に賛成する人が相対的に多いという結果になっていたが、2013 年 11 月以降、反対が賛成を上回った。そこから 2015 年住民投票の投票日まで、一貫して反対が多いという結果になっている。読売新聞はやや賛成率が高めに出やすい特徴があるが、それでも 2015 年 4 月時点の調査で賛否の比率が逆転し、反対率が高くなっている。

住民投票のおよそ 1 カ月前の時点では反対が優勢だったが、そこから賛成派が追い上げを見せた。しかし大阪市民が踏みとどまり、その結果、2015 年の住民投票の結果は反対多数となった。

これに対して **2020 年は上述したとおり、多くの大阪市民が都構想に賛成するなかで、住民投票の火蓋が切って落とされた。**公明党の協力だけではなく、世論の追い風も受けていた。住民投票の実施が確定した当初は、実施を容認する声も多かった。住民投票の結果は世論により決まる。それゆえにこの相違も重要だった。

5 反対多数をめぐる3つの謎

　賛成派の圧倒的優勢のもとで2020年の住民投票は始まった。この点が前回の住民投票との最大の相違点だ。しかし住民投票の結果は再び反対多数となった。

　なぜ2020年の住民投票の結果は反対多数となったのか。この疑問にこたえるには，以下に記す3つの謎を解く必要がある。

　1つ目の謎は住民投票序盤の賛成優位である。詳しくは第5章で述べるが，住民投票の実施が確定した2020年9月上旬時点の世論調査の結果を見ると，多くの大阪市民は都構想に賛成していた。結果として反対多数にはなったが，なぜ大阪市民は住民投票の序盤では賛成していたのか。これが2020年の住民投票をめぐる第1の問いである。

　メディアなどでは序盤の賛成優位は，吉村人気によるものだと説明されていた。コロナ禍で評判を高めた吉村への支持が都構想への賛成率を押し上げていたというわけだ。しかし，吉村支持率の推移と都構想への賛否の推移の関連は弱い。では，何が序盤の賛成優位をもたらしたのか。この点を実証的に明らかにすることが，本書の課題となる。

　2つ目の謎は序盤から中盤にかけての賛否拮抗である。都構想への賛否は告示日が近づくにつれて拮抗状態へと変化していく。10ポイント近く，あるいはそれ以上あった賛否の差が，告示日前後にはわずか数ポイントの差に縮まったのである。これはなぜか，というのが第2の問いである。

　ここで注目すべきは反対派の運動である。2020年の住民投票で

は，反対派の議員もさることながら，一般市民の積極的な反対活動
が目立った。反対多数はそのような反対運動の成果だと見る人もい
る。しかし，大阪市民の多数が態度を変えたタイミングは，反対運
動が行われ始めたタイミングと符合しない。さらに反対活動が行わ
れていた期間の世論の推移を見ると，ほとんど変化しておらず拮抗
状態が維持されている。反対運動の成果といえるかどうかも含めて，
この謎を解き明かすことも，本書の課題である。

　最後に 3 つ目の謎として述べるのが終盤における逆転劇である。
告示日以後，先に述べたように賛否拮抗という状態が維持されてい
た。しかし最終週に賛否は逆転し，反対多数となった。この逆転劇
をもたらした要因は何か。住民投票の結果をめぐる第 3 の，そして
最大の難問はこの問いである。

　この問いへの解答とされているのが 10 月 26 日に報じられた毎日
新聞による 218 億円試算報道である。しかし筆者のこたえは別にあ
る。毎日新聞の報道は遠因の 1 つではあるが直接的な原因ではない。
ではそれは何か。観察された事実を分析することでは解明すること
が困難なこの疑問にこたえることも，本書の課題である。

6　ま と め

　本章では，住民投票の結果やその特徴を概観しながら，第 II 部
で解明すべき 3 つの謎を説明した。すなわち，①序盤における賛成
優位，②中盤における賛否拮抗，③最終週における逆転劇である。
これらの謎を実証分析にもとづきながら解明することが，第 II 部
における課題となる。

　2020 年の住民投票が終わってから，多くの識者がさまざまな媒

体を通じて反対多数となった理由を説明した。しかし，それらはこれら3つの謎をめぐる問いに十分な解答を提示するものではない。次章では，住民投票序盤の謎である賛成優位という現象が生じた原因について検討する。

Column ②　住民投票下の選挙管理

　政治学で投票参加を説明する理論に，合理的投票参加モデルと呼ばれるものがある（William H. Riker and Peter C. Ordeshook "A Theory of the Calculus of Voting," *American Political Science Review*, Vol. 62, No. 1, 1968）。概略を説明すれば，①選挙に参加することにより得られる利益と，②自身の1票が選挙結果に与える影響力の積が，③投票参加に係るコストを上回るとき，人は投票に参加すると考えるモデルである。

　このモデルでいう②の影響力について，少し考えてみよう。仮に選挙を管理する組織が投票結果を不正に操作していたら，私たちは自分の1票の意味を感じとることはできるだろうか。不正選挙への参加など，ばかばかしいと思うに違いないし，そんな選挙は棄権してしまえと思うだろう。このように投票参加の動機は，公正な選挙管理が前提条件となっている。選挙管理は一見地味だが，その重要性は計り知れないほど大きい。

　住民投票で話題となった投票用紙の様式も（第6章参照），選挙管理上の問題の1つである。形式上は大阪市選管が様式を決定する権限をもっているが，実質的に裁量はあまりなく，また，「大阪市を廃止」という文言を追記するまでは紆余曲折があった。

　発端は2018年5月，大阪市会に「投票用紙に市の廃止を伴うものであることを記載するよう改訂すべき」という陳情がなされたことにある。この陳情は同年5月22日に開催された財政総務委員会で審査され，自民，公明，共産，いくのの4会派が賛成したこ

とにより採択された。

　陳情が採択されたことを受け，大阪市選管は 2018 年 7 月，総務省自治行政局に「大阪市を廃止」と記すことが大都市法施行規則上，問題ないかと問い合わせた。しかし総務省から十分な回答を得ることができなかったので，同年 9 月から 10 月にかけて，市のリーガルサポーターズ制度等を用いて弁護士に問い合わせ，問題ないという趣旨の回答を得た。

　様式に関する議論が本格的に始まったのは 2020 年 7 月頃だ。大阪市選管から聞いた話によると（2020 年 11 月 6 日に大阪市役所で聞き取り調査を実施），5 つの異なるパターンの様式を用意し，これらのうちのどれにするかについて，複数回，議論を重ねたそうだ。

　その後，2020 年 8 月下旬に，投票用紙の様式に関する方向性について市選管は松井に報告した。すると「わかりにくい」という意見が出され，対案が「政策企画室」から送られてきたそうだ。しかし，4 人の市選管委員全員の合意のもと，方向性はそのままであることを確認し，最終的には 9 月 7 日の市委員会で様式を確定したということだった。

　いずれにせよ，投票用紙の様式 1 つをとっても，これだけ長い時間をかけた検討と綿密なリーガルチェックが行われる。選挙での公正性は，地道な選管の陰の努力に支えられていることをぜひ知っていただきたい。

　上記とは異なる視点から，選挙管理の重要性についてさらに指摘しておこう。コロナ禍の住民投票で危惧されたのは感染症の拡大や投票率の低下であった。感染をおそれる人が投票所に向かうのを躊躇してしまうのではないか，ということだ。特に，いかに人を分散させるかが重要な課題だった。

　期日前投票所の増設は，その意味でコロナ対策の一環としても位置づけられていた。大阪市は 28 の常設の期日前投票所（24 各区役所，出張所［東淀川区］，南港ポートタウンサービスコーナー［住之江区］，

北部サービスセンター［平野区］，区民センター［平野区］）を告示日の翌日から設置し，最終週の 6 日間については，投票環境の向上を図ることを目的に，平野区民センターを除く 27 カ所で午後 9 時まで延長する措置もとった。

　さらに臨時で，此花会館（此花区），大阪ベイタワー（港区），ホテルソピアル大阪（大正区）にも期日前投票所を増設した。なお，城東区役所内にも 10 月 31 日だけ 1 カ所，期日前投票所を臨時で増設している。これらの臨時増設のきっかけは，8 月 26 日に開催された臨時会常任委員会（財政総務）で，大阪維新の会の原口悠介が期日前投票所の増設について質問し，松井が「期日前投票所の増設など選挙管理委員会には考えられる限りの方策を検討・導入していただきたい」と答弁した点にある。

　大阪市としては投票率の向上を第一義的な目的に増設したわけではないが，意図せずしてこの措置が，投票率の向上に寄与した可能性がある。じつは投票所を増やしたり，利便性の高い場所に投票所を設置したりすると投票率が上がることが知られている（松林哲也「投票環境と投票率」『選挙研究』32 巻 1 号，2016 年；和田淳一郎・坂口利裕「横浜市における期日前投票所増設の効果」『選挙学会紀要』7 号，2006 年）。投票所の増設は，上述した合理的投票参加モデルでいう③の投票コストを低減するからである。

　実際に期日前投票の投票率の 1 日ごとの推移を見ると興味深い現象がおきていた。1 つだけ，10 月 24 日頃から期日前投票率が上昇するという，トレンドの変化を見せた区があったのである。それは港区だ。なぜ港区だけ期日前投票率のトレンドに大きな変化が生じたのか。おそらく，10 月 24 日から 31 日まで，上述のとおり大阪ベイタワーに臨時の期日前投票所を増設したからだと考えられる。利便性の高い場所に投票所が設置されたことで，期日前投票しようという人が増え，その結果，港区だけ期日前投票率の推移トレンドが変化したということだ。

　投票率はしばしば有権者の「政治意識」の問題として議論されやすい。しかしそれだけではない。投票参加のコストに関わる選挙管理のあり方も投票率に影響を与える。選挙管理は，この点でも民主主義を支える重要な土台なのである。

第**5**章

賛成優位という虚構

2015年と2020年の住民投票の違いの1つは序盤の世論の情勢だ。調査主体によって相違は見られるが，2020年6月から9月上旬までは，どの世論調査の結果を見ても，都構想に賛成する人の割合は反対のそれを上回っていた。なぜ告示日前は賛成優位だったのか。2度にわたる都構想否決という謎を解明するにあたっては，まず，序盤の賛成優位という謎を明らかにしなければならない。本章では序盤の賛成優位は，都構想あるいは協定書の内容に対する評価ではなく，2度目の住民投票実施に至る「過程」への評価によるものであったことを明らかにする。

1 住民投票序盤における謎

2020年2月，当時は「ダイヤモンド・プリンセス号」という遠く離れた船の中での出来事に過ぎないように思えた新型コロナウイルスの感染拡大は，日本国内で感染者が急増するにつれて，すぐに身近な問題へと変化していった。同年4月7日には医療崩壊を防ぐべく緊急事態宣言が発令され，多くの人が自粛を余儀なくされた。

コロナ禍では，リーダーシップを発揮できない官邸あるいは内閣総理大臣に代わって，都道府県知事に注目が集まった。鳥取県知事，和歌山県知事，岩手県知事など多くの知事の取り組みが高く評価さ

れた。大阪府知事である吉村洋文も，府独自の取り組みを発表する
などして注目を集めた。大阪が関西圏におけるコロナ感染拡大の中
心地だったこともあり，在阪メディアは吉村ないし大阪府の取り組
みを連日報道した。

　維新にとって，コロナ禍における吉村府政・松井市政への評価の
高まりは重要だった。2019 クロス選前の世論調査の結果を除き，
2015 年の大阪市長・府知事ダブル選以降，都構想に賛成する人の
割合が反対する人の割合を上回ることは，ほとんどなかったからで
ある。しかし，2020 年 4 月に読売新聞が行った世論調査で賛成
43%，反対 40% と，わずか 3 ポイントではあるが賛成が反対を上
回った。

　2020 年 6 月末に日本経済新聞は大阪市民を対象とする世論調査
の結果を報じた。この結果も維新にとっては重要だった。6 月 19
日，大阪府・市の法定協議会において，大阪都構想の制度案が可決
された。委員 19 名のうち，反対したのはわずか 3 名だった。大阪
府議会と市会での議決を経る必要はあるものの，実質的にはこれで
2 度目の住民投票の実施が確実となった。このとき，コロナ禍で住
民投票を実施すべきではないという批判も見受けられたが，日本経
済新聞の調査結果は住民投票を「延期すべきではない」が 55%，
「延期すべき」が 32% だった。都構想も肯定的に評価されており，
賛成は 49%，反対が 35% だった。

　**維新に追い風が吹くなかで，住民投票で問われる協定書は 2020
年 8 月 28 日に大阪府議会で，同年 9 月 3 日に大阪市会で可決され
た。**これにより，2 度目の住民投票の投開票が 11 月 1 日に行われ
ることが確定した。

　協定書が府市両議会で可決されたことを受けて，多くのメディア

が都構想への賛否を問う世論調査を実施した。読売新聞が 9 月 4 日から 6 日にかけて行った世論調査の結果は，賛成 48%，反対 34% であり賛否の差は 14 ポイントも開いていた。毎日新聞など 6 社が合同で 9 月 4 日から 6 日にかけて行った世論調査の結果も，賛成 49%，反対 40% と賛成が反対を上回った。読売新聞ほど賛否の差が開いていたわけではないが，賛成優位という点は共通していた。

　しかしこの世論情勢は，住民投票の告示日である 10 月 12 日へと近づいていくにつれて変化していった。10 ポイント程度開いていた賛否の差が，徐々に縮まっていったのである。たとえば朝日新聞と ABC テレビが 9 月末に実施した世論調査の結果を見ると，賛成 42%，反対 37% である。賛成優位という状況は変わっていないが，賛否の差は 5 ポイントであり，何らかのきっかけがあれば賛否が逆転する状況だった。

　ABC テレビと JX 通信社の調査結果（以下「JX 調査」）は，賛成派と反対派の政治活動が本格化する告示日前に，賛成優位から賛否拮抗へという変化があったことをはっきりと示す。図 5-1 は，9 月 20 日から 10 月 11 日までの JX 調査の結果を整理したものである。9 月 20 日時点では 14 ポイントあった賛否の差は，告示日に近づくにつれて縮まっていき，告示日直前の 10 月 11 日時点では 3 ポイントになっている。告示日前の時点ですでに，賛否の差は縮まっていたのである。

　大阪都構想への賛否の差の絶対値でいうと，JX 調査のそれは朝日新聞などの結果とやや異なる。しかし当初開いていた賛否の差が，告示日が近づくにつれて縮まるという傾向は共通する。

　ここで問題となるのは，序盤における賛成優位である。**告示日前には賛否が拮抗するにもかかわらず，序盤においては多くの大阪市**

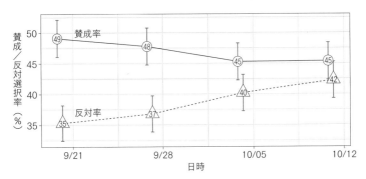

図 5-1 JX 調査における 2020 年 9 月中旬から 10 月上旬までの都構想賛否の推移

注：図中の印は賛成および反対選択率，エラーバーは選択率の 95% 信頼区間である。JX 調査は 2 日にわたり行われているが，表記が煩雑になるのを防ぐために調査最終日としている。

民が大阪都構想に賛成していた。これはなぜなのか，ということである。

　メディアなどでは，序盤の賛成優位はコロナ禍で評価を高めた吉村人気によりもたらされていたと説明されていた。次節ではこの通説について検討することにしよう。

2　吉村人気は賛成率を高めたのか

　圧倒的な賛成優位の背景事情として指摘されていたのは，吉村人気だった。コロナ禍で高くなった吉村への支持が，都構想への賛成を押し上げているという説明である。たとえば朝日新聞社が運営している withnews の記事（「#51 ○○の世論　吉村知事の人気に引っ張られ

　『大阪都構想』賛成が上回った理由」URL:https://withnews.jp/article/f0201
006002qq000000000000000W0di10101qq000021904A〔2021 年 3 月 2 日最終アクセ

表 5-1　吉村支持率と都構想賛否の関係

	読売新聞				毎日新聞など 6 社		
	吉村支持率 （原因）	賛成率 （結果 1）	反対率 （結果 2）		吉村支持率 （原因）	賛成率 （結果 1）	反対率 （結果 2）
4 月	77%	43%	40%				
9 月	76%	48%	34%	9 月	76%	49%	40%
10 月	70%	44%	41%	10 月	66%	43%	44%
変化							
4 月→ 9 月	−1%	+5%	−6%				
4 月→10 月	−7%	+1%	+1%				
9 月→10 月	−6%	−4%	+7%	9月→10月	−10%	−6%	+4%

ス〕）を見ると，「大阪府の吉村洋文知事と大阪市の松井一郎市長の支持層も『賛成』を引き上げています」と述べられている。

　現場の政治家の中にも，吉村人気説を信じていた人はいたようだ。たとえば『産経新聞』（2020 年 9 月 8 日付）は，公明党や維新の議員の中に吉村支持の上昇が都構想賛成を押し上げていると見ている人がいることを紹介している。

　しかし世論調査の結果を仔細に検討すると，吉村への支持が賛成率を押し上げたという主張が，必ずしも支持されないことに気づかされる。表 5-1 は両者の関係を整理したものだ。この表では，読売新聞の世論調査と毎日新聞など 6 社合同の調査結果を用いて，吉村支持と都構想賛否の関係を分析している。表の上側が実際の回答率であり，下側が変化についてまとめたものとなっている。

　第 1 章で述べた因果推論の第 2 のルールを思い出してほしい。因果関係があると主張するには，原因（X）と結果（Y）の関係について，「X が増える（減る）」ことで「Y も増える（減る）」という共変関係にあることが重要な条件となる。したがって吉村支持→都構想賛否という因果関係があるならば，「**吉村支持率が高くなると都構**

想への賛成率も高くなる」ことを確認できるはずだ。

　それでは，賛成率が上がっているときの吉村支持率の変動を分析
しよう。読売新聞の 4 月→9 月の結果を見てほしい。賛成率が上昇
し，反対率が低下しているのに，吉村支持率はほとんど変わってい
ない。要するに原因が「変わっていない」のに結果は「変わってい
る」わけだ。

　さらに 4 月→10 月の結果を見ると，今度は吉村支持率が大きく
「変わっている」一方で，賛成率と反対率はほとんど「変わってい
ない」という結果になっている。これらの結果からは，吉村支持率
と大阪都構想への賛否に関係があると結論づけることは難しい。

　もっとも，9 月→10 月は両者の間に共変関係を確認できる。どの
ような関係かというと「吉村支持が下がると，賛成率が下がる」と
いう関係である。これは読売新聞，6 社合同調査ともに見られる。
賛成率が上がったときは関係するとはいえないが，下がったときは
関係するといえるかもしれないということだ。やや皮肉めいたいい
方をすれば，「吉村支持率が上がったことで都構想への賛成率も上
がった」証拠はないが，「吉村支持率が下がったことで，都構想へ
の賛成率は下がった」ことを示す証拠はあるとなる。

　もちろん，吉村が何らかの失敗をしたために都構想の賛成率が下
がってしまったと主張したいわけではない。9 月から 10 月にかけ
て吉村が批判を浴びることをしてしまい，その結果として賛成率が
下がったというエピソードがあるなら別だが（吉村が「ポビヨンヨード
配合薬」を用いたうがいの効果に関する記者会見を行ったのは 8 月 4 日である），
そのような話はない。したがって表 5-1 に示す共変関係はたまたま
相関したか，もしくは吉村支持と都構想賛否に共通する「交絡要
因」によってもたらされた疑似相関のどちらかだろう。

いずれにせよ，ここで指摘しなければならないことは，**吉村への支持が大阪都構想への賛否に影響を与え，その結果，大阪都構想への賛成率が増えたことを示すはっきりとした証拠はないということ**だ。たしかに吉村はコロナ禍で注目を浴びた。その事実を踏まえれば吉村支持は重要だと考えたくなる。「吉村さんが好きだから賛成する！」という人も一定数いるだろう。しかし，それを安直に一般化することは避けるべきだ。世論調査の結果は，吉村支持の変動と都構想への賛否の変動が強く関連しないことを示している。

では，何が賛成率を押し上げていたのか。この疑問にこたえるために，やや遠回りとなるが，大阪都構想への賛否という政策選好の特徴について考えよう。

3 変わりやすい都構想への賛否

学術的な観点から政治意識を分析するとき，態度（attitude）と意見（opinion）は別モノとして考えることが多い。なぜかというと，どのくらい変わりやすいかや，どのように形成されるかといった点が，意見と態度では異なると考えられるからだ。

自民党支持率と内閣支持率の違いから，態度と意見の違いを説明しよう。自民党支持率の推移と内閣支持率の推移は相関するので「似たような意識だ」と見ることもできなくはない。しかし理論的に考えると，自民党支持率のほうが内閣支持率よりも安定していると考えられる。内閣への評価は政党への評価以上に，総理大臣など特定の政治家の発言等の影響を強く受けるからだ。このような事情から内閣支持は相対的に変わりやすい「意見」として，逆に政党支持は「態度」に近いものとして捉えることができる。

　都構想に対する賛否は意見だろうか，態度だろうか。内閣や政権に対する評価は，時々の状況によって異なるものとなるだろうが，「税金を取らずに自由に商売させろ！」とか，「女性の社会参画をもっと進めるべき！」といった自分の中にある政策的なスタンスは，頻繁に変わるものではない。したがって有権者がもつ政策選好は，意見より態度に近く，安定性を有すると考えられる。

　大阪都構想を一言で表現することは難しいが，維新の掲げる政策であることは確かだ。それゆえに大阪都構想への賛否も，態度に近いものだと理屈としては考えることができる。

　しかしながら，態度の可変性についてはいくつかの例外があり，すべての政策選好が安定しているわけではない。たとえば，興味がない政策や抽象的でわかりにくい政策の場合，対象について十分に判断するだけの情報が不足しているため，当該政策に対する選好も変化しやすくなる。どのような政策かで，態度の変わりやすさは変化するのだ。

　大阪都構想への賛否を一般の有権者が判断することは容易ではない。その理由は第 1 に内容を理解することが難しいからである。住民投票で賛否を問われるのは，大阪府議会と大阪市会で可決された『特別区設置協定書』である。この協定書には，区の名称，特別区と大阪府の事務分担，職員の移管などさまざまな項目について，21 ページにわたり記されている。補足資料まで含めると 965 ページにおよぶ。これをすべて理解できる人は少数だろう。

　第 2 に大阪都構想をどう評価するかはその人がもつ態度により異なる。大阪都構想とは何かと問うたとき，「大阪市を破壊するとんでもない構想」とこたえる人もいれば，「広域行政の権限を大阪府に移譲し大阪の可能性を拡げる案」とこたえる人もいる。抽象的で

実現したときの効果が見えにくいことにくわえて，党派性が評価に影響を与えることが，このような違いを生み出す。複数の要素が混在する大阪都構想の中の何をつかみとり，どう解釈するかは一様ではなく，この特性も判断に迷いを生じさせる原因となる。

　ただ，それでも大阪市民は選択を迫られる。一定の期間内に，自身の中で考え，結論を出し，投票所に向かい，大阪都構想あるいは協定書に賛成か反対かを選択しなければならない。もちろん，強い信念をもっている「強い支持者」や「強い不支持者」にとって，賛否の判断は簡単だろう。しかし大阪市民の多くは維新に対して弱い選好しかもたない。そのなかで賛成か反対かという難問に，自分なりのこたえを見つけ出さなければならないのである。

　こたえを導き出すことが難しい問題に対して，大阪市民はどのように対応するのか。**そのこたえの１つが，意思決定の手助けをしてくれる「手がかり」を探し出し，それを用いて自身にとって望ましい選択を行う**というものだ。

　人間は直接的な証拠がなくても，判断のための間接的な手がかりを利用して意思決定する場合がある。この手がかりは，ヒューリスティクスなどと呼ばれる。ヒューリスティクスの利用は，政治に限らず多くの意思決定をする際に見られる。たとえば私たちは雲の動きや風の動きを知らなくとも，今日，雨が降るかどうかを判断できる。「天気予報」という有用な手がかりを利用し，判断する術を身につけているからだ。

　大阪都構想は難しい。少なくとも一般の人がその内容についてしっかりと理解し，判断できるものではない。**だからこそ，有権者は積極的に賛否を判断するための代替的な手がかりを利用しようとする**。「○○先生がいってたけど，賛成したほうがいいんだって」「▲

▲さん，何か隠してる……反対しないと！」など，都構想のことを十分に理解していなくても，ヒューリスティクスを用いて自身の選好に近い選択肢を吟味し，判断するということだ。

大阪都構想の賛否を判断する際に用いられる手がかりは，人，時，場所，状況によって異なる。情報が蓄積されていくことで，かつて利用していた手がかりの誤りに気づくこともあれば，逆に信頼性の低さゆえに拒否していた手がかりが，じつは信頼できることに気づく場合もある。私たちは常に同じ手がかりを利用するわけではないし，その必要があるわけでもない。日々，自身の判断を更新しながら有用な手がかりを見つけ，それを用いて判断していく。

このように考えると，**大阪都構想への賛否には必然的に変動しやすい特徴があること**を理解できる。賛否の変わりやすさは，大阪市民が「いいかげん」に判断していることを意味しない。むしろ逆である。判断しづらい問題や課題に対して，代替となる手がかりを利用しながら考え，選択している証左なのである。

4　「過程」が作り出す一時的な変動

都構想賛否の変動にはいくつか特徴がある。変わりやすい，というのも特徴の 1 つなのだが，いつ変わるのかという点でも特徴的である。つまり**変わりやすいタイミングがある**ということだ。この事実は，序盤の賛成優位という謎を解く鍵となる。

2015 年の大阪市長・府知事選前後に行われた世論調査の結果を見てみよう。朝日新聞が 2015 年 10 月 22 日から 24 日にかけて行った調査結果では，都構想賛成が 47%，反対が 39% と，8 ポイントも差が開いていた。読売新聞が 11 月 14 日から 15 日にかけて実施

した調査結果でも，大阪市民の 49% が賛成し，反対は 41% にとどまる。1 度目の住民投票から間もない時期なのに，朝日も読売も，賛成多数という結果である。

　しかしその後，賛成優位ではなくなる。2017 年 2 月時点の朝日新聞が行った都構想賛否の調査結果は賛成が 38%，反対 40% と，反対が賛成を上回っている。読売新聞が 2018 年 11 月に行った世論調査でも，賛成 36%，反対 40% と，反対が賛成を上回る。2015 年末時点の賛成優位という状況は，その数年後には逆転し反対優位になっていた。

　以上の推移を含め，2015 年末から 2020 年 9 月までの，大阪都構想に対する賛否の推移をまとめたものが図 5-2 である。JX 調査は，すでに図 5-1 に整理しているのでこの図の中には含めていない。

　図 5-2 には，大阪市長選などの，住民投票の実施に実質的に関わる政治的なイベントのタイミングにあわせて行われた調査結果と，それとは関係のないタイミングで行われた調査結果の 2 つが含まれている。後者に該当するのは朝日新聞が 2017 年 2 月に実施した世論調査と，読売新聞が 2018 年 11 月と 2020 年 4 月に実施した世論調査である。これら 3 つの調査に共通していえることは，賛成率と反対率の差が他と比べてそれほど大きくないということだ。もっとも賛否の差が開いているのは読売新聞の 2018 年 11 月の世論調査だが，それでも 4 ポイント程度の差にとどまる。

　このことは，**大阪都構想への賛否はその内容に対する評価以外の要因の影響を受けることを示唆する**。先に指摘したように，2015 年に賛成率が増えたのは，維新陣営と反維新陣営が再度の住民投票の実現をめぐり争った大阪市長・府知事ダブル選のタイミングだった。読売新聞は異なる傾向を見せるが，2019 年に賛成が増えたの

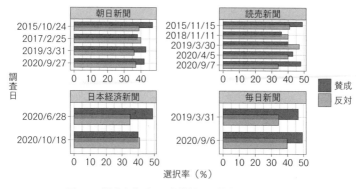

図 5-2　調査主体ごとの都構想への賛成および反対率

注：いずれもすべて大阪市民を対象とする場合の調査結果である。

も 2019 年大阪クロス選のタイミングだった。大阪都構想への賛否は政治的イベントの影響を強く受けるのだ。

　2020 年 6 月末や 9 月上旬には，大阪市長選や府知事選は行われていない。しかしこれらは，2 度目の住民投票の実施を確定させる重要な決定がなされたタイミングだった。選挙を通じたキャンペーンの影響を受けて，大阪都構想への賛成あるいは反対率が変動するのではなく，議会での手続きを経たという「過程」への認識とそれにもとづく評価が，大阪都構想への賛否に影響を与えたということではないだろうか。

　住民投票序盤における賛成優位は，この「過程」に対する評価により一時的に作り出されていた。つまり序盤の賛成優位は，大阪都構想の内容に対する評価にもとづいていなかったということだ。大阪市民は，大阪都構想の実現に賛同していたのではなく，2019 年のクロス選から大阪市会や府議会での協定書可決に至るまでの維新の執念，あるいはその「過程」に評価を与えた。それが賛成率を一

時的に押し上げていたのだ。

　住民投票の序盤では，賛成派も反対派も十分な広報活動を行っていない。**そのため，大阪都構想の内容とは別の要素が判断の手がかりとして用いられる傾向が強くなる。**そのときに用いられていた手がかりが，維新あるいは松井が住民投票の実現に向けた手続きを進めたことに対する評価だった。

　「過程」に対する評価は大阪都構想の内容への評価とは異なる。住民投票の告示日が近づくにつれて，賛成派も反対派も都構想の内容についてさまざまな主張を行い，今度はそれが賛否を判断する際の手がかりとして機能し始める。「過程」に対する評価が賛否に与える影響は薄れ，その結果，告示日前には賛否が拮抗する状態へと変化した。以上が，住民投票序盤における賛成優位を説明する筆者の仮説である。

5 過程に対する評価と人間関係に対する評価

　2020 調査（前）には，**住民投票の実施の「過程」に対する評価を尋ねる質問がある。**厳密には住民投票実施への賛否を尋ねるものなのだが，その理由にこれまでの「過程」，つまり 2019 クロス選での勝利を意見項目の中に加えている。選択肢は「A に近い (5)」から「B に近い (1)」までの 5 件尺度である。以下ではこの質問を「過程に対する評価」とする。

２回目の特別区設置住民投票の実施について，次の２つの意見があります。
Ａ：2019年の市長選挙などで維新が勝ったのだから，もう一度実施すべきだ
Ｂ：一度反対多数になったのだから，実施すべきではない

あなたの考えはどちらの意見に近いでしょうか。

この質問とは別に2020調査（前）には，**松井がしばしば主張していた「人間関係により成り立つ」という主張について，どのくらい同意できるかを尋ねた質問もある。**松井は現在の大阪市と府の関係は吉村との「人間関係」により成り立っているものなので，この関係を制度的に保証するために，大阪都構想が必要だと主張していた。その松井の主張に対する認識を尋ねた質問だ。選択肢は先の質問と同じである。以下ではこの質問を「人間関係に対する評価」とする。

大阪府と市の連携について，次の２つの意見があります。
Ａ：今の大阪市と府の協調関係は人間関係で成り立っている。大阪市を廃止し制度として保証する必要がある
Ｂ：指定都市都道府県調整会議がある。大阪市を廃止しなければ実現できないものではない

あなたの考えはどちらの意見に近いでしょうか。

以上の２つの質問の回答分布をまとめたものが図5-3である。左側が過程に対する評価の分布，右側が人間関係に対する評価の分布である。Ａの意見に近いほど，都構想実現に向けた過程を評価する

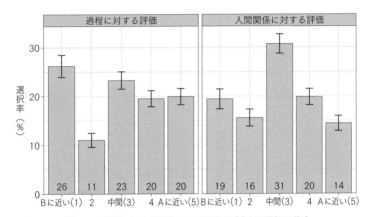

図 5-3　過程に対する評価と人間関係に対する評価の分布

注：図中の数値は選択率，エラーバーは選択率の 95% 信頼区間である。

傾向，あるいは松井の主張に同意する傾向が強いことになる。

　過程に対する評価の回答分布を確認しよう。「A に近い」「どちらかといえば A に近い」をあわせた回答率は 40%，逆に「B に近い」「どちらかといえば B に近い」をあわせた回答率は 37% となっている。A に同意する人と B に同意する人が拮抗しておりその差は誤差の範囲内だが，維新がこれまでの選挙で勝利し，そこで勝ったことを背景に住民投票の実施を容認する人が一定数存在し，かつ相対的にはそのように考える人のほうが多いという結果である。

　続いて人間関係に対する評価の回答分布を確認する。「A に近い」「どちらかといえば A に近い」をあわせた回答率は 34%，「B に近い」「どちらかといえば B に近い」をあわせた回答率が 35% だった。中間回答が多く，賛否について決めかねている状態であるが，肯定的か否定的かでいうと，否定的な回答者のほうが多いという結果である。都構想に賛成する一方で，人間関係により成り立つとい

う松井の説明に賛同する人は多くない。

　図 5-3 はさらに，過程と人間関係に対する評価では，中間的な回答率が 8 ポイントも異なることも明らかにしている。2020 調査（前）は告示日前に行った調査なので，まだ十分に大阪都構想の是非について判断を下せる時期ではなかった。他方で過程についてはすでに 9 月上旬に確定していたこともあり，評価する，しないにかかわらず判断を下しやすい。それがこの分布の形状あるいは中間的回答の選択率の差を生み出した可能性が高い。

　これは言い換えれば，**告示日前は都構想の内容について理解が十分に浸透しておらず，その結果，本書が想定するように都構想の内容「以外」の手がかりが賛否の判断に強い影響を与えていた**可能性が高いということだ。次節ではさらなる分析を行い，過程に対する評価と都構想への賛否の関係を明らかにする。

6　過程に対する評価が都構想賛否に与える影響

　なぜ大阪市民は当初，都構想に賛成していたのか。大阪都構想の内容以外の要素に対する評価が，都構想への賛成を規定していたからだというのが，筆者の仮説であった。都構想の内容とは異なる過程に対する評価が賛成率を押し上げていたわけだ。

　この仮説の妥当性を，過程に対する評価が大阪都構想への賛否に与える影響を分析することで検証しよう。図 5-4 は，先に示した過程に対する評価と人間関係に対する評価が，都構想への賛否に与える影響について分析した結果を整理したものである。順序ロジット推定という方法によって両変数の影響を分析した。疑似相関の可能性をある程度排除するために，大阪における支持政党，政治関心，

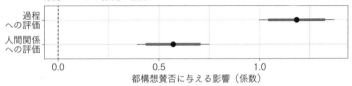

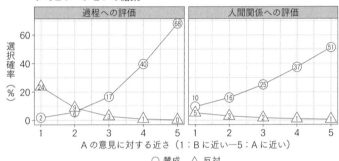

図5-4　過程に対する評価と人間関係に対する評価が都構想賛否に与える影響

注：上段の図は順序ロジット推定の結果であり，図中の印は回帰係数の点推定値
であり，グレーの太線は点推定値の95%信頼区間，黒色の細い線が99%信頼区
間である。下段の図は，順序ロジットの推定結果にもとづく事後シミュレー
ションの結果である。値を動かす変数以外の変数の値は平均値に固定した。統
制変数は大阪における支持政党，性別，実年齢，学歴，居住年数，政治関心で
ある。都構想への賛否は「あなたは，大阪市を廃止し特別区を設置する，いわ
ゆる『大阪都構想』について賛成ですか，反対ですか」という質問への回答で
あり，選択肢は「賛成」から「反対」までの4件尺度である。「賛成」と「反
対」以外の項目の選択確率は図が煩雑になるため省略している。

性別，年齢，学歴，居住年数の影響を統制した場合の推定結果とな
っている。上段の図が順序ロジット推定の結果を整理したものであ
り，下段の図が，「過程に対する評価」と「人間関係に対する評価」
の影響力を事後シミュレーションによりわかりやすく示したもので
ある。

　まず上段の分析結果を見てほしい。どちらの変数も横に伸びている棒が 0 の破線に重なっていない。つまり過程に対する評価も人間関係に対する評価も，ともにその度合いが強いほど，大阪都構想に賛成する確率が高くなることを示す結果だと解釈できる。ただし，影響力の強さは異なる。図中の回帰係数値を見ると，「過程への評価」は 1.240 だが「人間関係への評価」は 0.637 となっている。過程に対する評価のほうが，相対的には大阪都構想への賛否と強く関連する。

　この数値を見ても具体的にどの程度影響を与えているかわからないので，下段のシミュレーションの結果を確認する。過程に対する評価の値が 1（B に近い）から 5（A に近い）へと変化したとき，「賛成」を選択する確率は 66％増加し，「反対」を選択する確率は 24％低下する。過程に対する評価が最小値から最大値へと変化すると，大阪都構想に賛成する確率が大きく変化するという結果だ。

　続いて人間関係に対する評価の影響を確認する。この変数の値を 1 から 5 へと動かしたとき，「賛成」を選択する確率は 41％，「反対」を選択する確率は 4％ 変化する。人間関係に対する評価が最小値から最大値へと変化しても，大阪都構想に賛成する確率が上昇することを，この結果は意味する。

　効果の大きさからすると，人間関係に対する評価の影響は 41 ポイントの賛成選択確率の変動であり，決して小さくない。しかし図 5-3 に示すとおり，制度として保証すべきという意見に対して同意していなかった人のほうが多く，この意見への同調が，賛成率を押し上げていたとは考えにくい。

　他方の過程に対する評価は，上述したとおり同意する人が相対的に多い点にくわえて，人間関係に対する評価以上に大阪都構想への

賛成を押し上げる要因になっている。図5-4に整理しているのは，大阪の政治における政党支持や人間関係への評価の影響を統制したうえでの推定結果でもある。以上は，**過程に対する評価が住民投票序盤における大阪都構想への賛否の規定要因として重要であったこと**を明確に示す。

　直接的なデータや証拠にもとづく推論ではないが，過程に対する評価の影響力は，告示日前よりも9月上旬のほうが強かった可能性がある。2020年9月は，2度目の住民投票に向けた政治闘争が決着を迎えたタイミングであった。このときの時勢の影響によって，図5-3に示す以上に，過程に対する評価の住民投票序盤における影響力は強かったのではないか。仮にそうであれば，序盤における賛成優位は，大阪都構想の内容ではなく過程に対する評価によってもたらされた「虚構」だったことになるだろう。

7 ま と め

　本章では住民投票における第1の謎である賛成優位のメカニズムについて検討した。マスメディアなどでは，序盤の賛成優位は吉村への支持の高まりによるものと説明されていた。しかし世論調査の結果を分析すると，吉村への支持の高まりによる影響はそれほど明瞭には見られなかった。

　そこで本書が着目したのは大阪都構想に対する直接的な評価ではなく，住民投票の実現にいたるまでの「過程」への評価が1つの手がかりとなり賛成率を押し上げていた可能性だ。2020調査（前）を用いた分析の結果はこの仮説を支持するものであった。松井の主張する人間関係に関する主張への同調以上に，これまでの「過程」

に対する評価が，大阪都構想への賛否を規定していた。

　第 2 章で述べたように，多くの大阪市民は府市の一体的運営に対して支持する選好をもつ。しかし大阪都構想に関しては，特別区を設置することによるコストが必然的に発生する。2015 年の大阪ダブル選以降，大阪市民の中で都構想への賛否は常に拮抗し続けてきた。その点からも，住民投票序盤に見られた賛成優位は，都構想の内容とは別の要因で，一時的に生じた現象に過ぎなかったと見るべきだろう。

　しかし，大阪都構想への賛成率が自動的に下がるわけではない。住民投票の序盤から中盤にかけて賛成率は低下し，告示日以降は賛否拮抗という状態が終盤まで続いていく。なぜ賛成率が下がり，拮抗状態へと移行したのか。またなぜ，拮抗状態が投票直前まで維持されたのか。次章では反対派の運動の影響を加味しながら，この謎を解き明かしていく。

Column ③　メディアの影響力は強い？

　維新が支持される理由はマスメディア，特にテレビ報道の姿勢にあるという見方がある。吉村洋文がコロナ禍を機にテレビメディアに出始め，彼の知名度が上昇したあたりから，メディアの影響説を唱える人が増えた印象がある。

　この主張は主に維新に批判的な人に見られるが，維新を支持する人の中にも「維新を批判的に見る人はメディアに影響されている」と主張する人はいる。維新を支持するしないにかかわらず，自分とは異なる他者がメディアに操作されていると考える人は多い。

　維新を支持する人としない人で異なる番組を見るといった状況にあるなら話は別だが，どうもそのようには思えない。むしろ，同じニュース番組に対して，ある人は「維新に好意的だ」といい，別の

人は「維新に批判的だ」という。見ている内容は同じなのに，捉え方が人によって異なる。これはどう理解したらいいのだろうか。

　個人がもつ特性はメディアに対する認識を左右するという理論がある。同じ報道でも，どのような態度をもつかで，誰に対して不利益な報道とみなすかどうかが変わるということだ。社会心理学などで「敵対的メディア認知」と呼ばれている現象は，その典型例だ。

　メディア認知を左右する個人特性として知られるのが党派性とイデオロギーである。これらの態度の相違が，メディア報道のあり方に対する認識を左右するとされており，実際に保守であれ革新であれ，イデオロギー強度が強くなるにつれて敵対的に感じる報道機関が多くなる傾向にある（李光鎬「敵対的メディア認知とメディアシニシズム──韓国社会におけるその実態の把握」『慶應義塾大学メディア・コミュニケーション研究所紀要』69号，2019年）。

　「第三者効果」も念頭に入れておく必要がある。第三者効果とは，外的な情報源や情報発信主体の影響力は，私でもあなたでもない「他者（第三者）」に対して大きいと見積もる傾向をいう。特に政治的トピックは第三者効果が顕現するテーマだとされる。自身とは異なる政治的選好をもつ人に対して，特にメディアの影響を受けていると考えやすいことは，実証的にも明らかにされている（稲増一憲「マスメディアに『影響される』のは自分ではなく誰なのか」日本選挙学会報告論文，2021年）。

　メディアの効果として指摘されてきたものが，じつは，自身のメディアに対する敵対的な認識の表れであったり，第三者効果であったりする場合がある。メディアの影響力がどの程度かを知るには，厳密な調査と分析にもとづき判断しなければならない。

　では，実際にメディアに頻繁に出演することは，支持率にどう影響するのか。まず，メディアと政治に関する教科書的な説明をしておくと，メディアの影響力は限定的であることを前提に，そのうえで，どのような影響があるといえるのかを考えるのが通例である。

要するに人の態度を改変するような強い影響力はないが，人が何について考えるか，何を選択の基準として選ぶかに対して，メディアが影響することはあるということだ。

　このことは，単純にメディアに出演していることが支持につながるといった関係を想定できないということでもある。たとえば，報道回数は支持率の分散には影響するものの，期待値にはさほど影響しないことを示す研究がある（福元健太郎・水吉麻美「小泉内閣の支持率とメディアの両義性」『学習院大学法学会雑誌』43巻1号，2007年）。メディアにある人物が出続けたとしても，その事実が支持率増に直結するわけではないということだ。

　大阪のように，多くの有権者が一定の政治的選好を形成している状態だと，その分，メディアの影響は低下する点も考慮する必要がある。実際，筆者が別稿で示したように（善教将大「コロナ禍の中の維新支持──吉村大阪府知事の高評価は維新支持を牽引するか」『中央公論』134巻8号，2020年），2019年時点で吉村は，大阪では松井よりすでに支持されていた。コロナ禍を機に急激に吉村の支持率が高くなったわけではなく，以前より高かったことを踏まえれば，メディアの影響で高くなっているという説明は，疑わしいものとなる。

　テレビに出ることと支持率の関係を知るには，吉村がメディアに出なくなった時期に吉村支持率がどう変化したかを見ればよい。

　じつは，吉村がテレビに出なくなった時期がある。住民投票に関する報道が増えた2020年9月と10月だ。この時期，テレビに出ていたのは吉村ではなく松井だった。したがって，この時期の吉村支持率と松井支持率の推移を見ることで，メディアへの出演が吉村，あるいは松井の支持率にどの程度貢献するかがわかる。

　先に述べた時期の吉村支持率と松井支持率はJX通信社が調査しており，結果もオンライン上で公開されている。ぜひ，9月中旬から10月下旬にかけて　吉村支持率と松井支持率がどのように推移しているかを確認してほしい。

　根本的なことをいえば，維新に好意的（批判的）な情報に触れることの影響を推論することは容易ではない。自身とは異なる考えをもつ情報に触れることが，かえって自身の態度を硬化させることがあるからだ。維新を支持しない人が維新に好意的な報道を見て，逆に不支持態度を硬化させることはままある。この点は毎日新聞報道を例に，本書の第7章でも分析している。

　メディアの効果に関して研究している人が近年危惧しているのは，メディアが人の態度を変えることではなく，メディアによって「変わらなくなっている」ことである。さまざまな媒体が情報を発信する社会へと変化するに伴い，自分の考えに近い情報にばかり接触することで，態度の硬直化や分極化といた現象が生じやすくなる。むしろ危惧すべきはこのような現象であるように思われる。

第**6**章

拮抗する賛否，混乱する市民

　住民投票の結果が反対多数になった原因として，しばしば言及されるのが反対運動の影響である。政治家だけではなく多くの一般市民が積極的に反対運動を行った。これが，僅差ながらも反対多数という結果へとつながったとされる。本章では，この主張の妥当性を検証しながら，住民投票をめぐる第2の謎である賛否拮抗の原因を分析する。賛成優位から賛否拮抗へという変化の背景にあったのは，維新あるいは松井のメリットに対する説明に大阪市民が納得していなかったからだ，というのが筆者の主張である。さらに賛成派と反対派の活動が活発に行われるなかで，矛盾するさまざまな情報が飛び交い市民は混乱した。この混乱が賛否の判断を留保する原因となり，賛否拮抗が続くことになった。

1　反対派議員が主張していた大阪市廃止

　2020年10月18日。大阪市のなんば髙島屋前で，自民党所属の市会議員である北野妙子は，神戸市や京都市など大阪市以外の政令市の議員の前で，以下のように大阪市存続の必要性を訴えていた。

　「7市の皆さんがこの大阪に集結して，政令指定都市がいかにすばらしくて。絶対に潰してはいけない。そのことにみなさんが危

機感を覚え，大阪を助けたい，大阪市を残さなあかんという熱い
思いをもって，この場に集結してくださいました」

　大阪市の全世帯に配布された『投票公報』に大きく「都構想では
大阪市がなくなります！」と記されていたように，反対派の議員の
中核にあった主張は特別区が設置されると大阪市は廃止・解体され
る，だから政令市である大阪市を残さなければならないというもの
だった。

　大阪市を存続させなければならない理由は，大きく分けると２つ
あるとされた。第１に**特別区を設置することには膨大なコストがか
かる点である**。特別区の設置にいくらかかるかは，２度目の住民投
票におけるもっとも重要な論点であった。次章で検討する「毎日新
聞報道」もこの論点に関わるものだ。反対派の議員は設置コストだ
けでも 464 億円にのぼると主張するなど，「都構想を実現すると損
をする」ことを主張していた。

　第２は**住民サービスの低下である**。先に述べたように特別区の設
置には膨大なコストが発生する。その影響で，現時点で享受してい
るさまざまな住民サービスが削られてしまうという主張だ。特別区
の設置まではサービスを維持すると協定書に明記されているものの，
それはあくまで設置するまでの話である。特別区が設置されたあと
に，今の住民サービスが維持される保証はない。この点も大阪都構
想が抱える重大な問題だと，反対派の議員たちは主張していた。

　もっとも，大阪市が廃止されることや特別区の設置にコストがか
かることは，2015 年の住民投票時から反対派の議員が主張してい
たことだった。その意味で，特に目新しい主張というわけではない。
実際に 2015 年に配布された『投票公報』の１ページ目には，「大阪

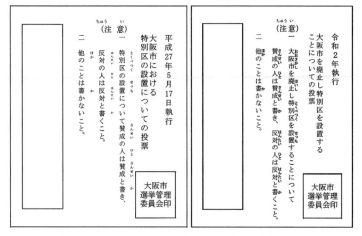

図 6-1　2015 年と 2020 年の住民投票で使用された投票用紙

市が廃止され，特別区が設置されると，二度と元には戻れません」
「特別区の設置に伴うコストが 600 億円もかかります」と明記され
ている。2015 年と 2020 年では特別区設置に要する額こそ異なるも
のの，コストがかかる点は共通する。

　それでも住民投票の告示日以後，反対派の議員は賛成多数になる
と大阪市が廃止されてしまうと繰り返し訴えた。細かな制度の話や
財源の話は一般市民には伝わりにくい。大阪市廃止というワードは，
制度設計の細かな話と比べるとインパクトがあるし，何より都構想
の問題点が伝わりやすい。それゆえにこの点を主張していたようだ。

　たとえば北野は住民投票直後のインタビューで，住民投票の結果
が反対多数となった理由について次の 2 点をあげていた。1 つは住
民サービスの低下というデメリットが伝わったことである。もう 1
つは投票用紙の文言である。大阪市廃止という文言が投票用紙に加

えられたことが，反対多数という結果の原因ということだった。

　実際に投票用紙を確認してみよう。図 6-1 が住民投票で用いられた投票用紙である。左側が 2015 年，右側が 2020 年の住民投票で用いられたものだ。たしかに左側の投票用紙には，「大阪市を廃止し」，という文言がないが右側にはある。この違いが重要だったということだ。

　ただし，**この見解が実証分析では支持されていない点については，注意する必要がある**。筆者は投票用紙に「大阪市を廃止し」という文言を加えることの効果をサーベイ実験によって検証したが，北野がいうような反対選択を有意に押し上げる影響はないという結果を得ている（善教将大『維新支持の分析──ポピュリズムか，有権者の合理性か』有斐閣，2018 年，第 7 章）。

　もちろん，大阪市廃止という文言ではなく，このことを反対派の議員などが訴え続け，大阪市が廃止されるという危機意識が大阪市民の中で共有されていったことが重要だった可能性はある。住民投票の告示日前はそれほど活発に行われていなかったが，告示日以後，個々の一般市民の自発的な活動も含め反対派は活発に活動した。反対多数という結果は，そのような反対活動の成果なのかもしれない。

2　賛成派と反対派の活動量の比較分析

　第 4 章で述べたように，住民投票下の賛成・反対運動は選挙運動ではなく政治活動である。戸別訪問は禁止されているが，政治家だけではなく一般市民も自由にビラを作成し，それを道端で配布したり，ポスティングしたりできる。通常の選挙では見られない投票日当日の運動も可能だ。

　そのような事情から，住民投票の告示日以後，政治家だけではなく一般市民の政治活動も活発に行われた。**特に目立ったのは大阪都構想への反対を表明する一般市民の活動だった。**

　筆者の手元に，ある 1 つの資料がある。『残そう，大阪の JIN 2020 年　大阪市廃止を阻止した市民の記録集』というタイトルのパンフレットだ。大阪市廃止の阻止という結果を勝ち取った運動を記録として残すことを目的に，SADL（民主主義と生活を守る有志）という団体が，一般市民の反対活動の実態をまとめたものだ。このパンフレットを作成した背景には，メディアが一般市民の活動を十分に報じていなかったことへの不満があったようだ。

　このパンフレットからも窺い知れるように，2020 年の住民投票における政治活動の最大の特徴は，一般市民による活発な反対活動にあった。都構想に賛成する一般市民も政治活動を行っていたが，活動量の点からいうと反対派が賛成派を圧倒していた。

　2020 調査（前・後）を用いて，賛成派と反対派で政治活動度にどのくらいの相違があったのかを確認しよう。2020 調査（前）では，以下の質問で賛成派と反対派の活動への認知度を尋ねていた。選択肢は「全く見ていない」「1 週間に 1 回程度」「4-5 日に 1 回程度」「2-3 日に 1 回程度」「毎日」である。

以下にあげる人や集団の特別区設置住民投票に関する政治活動を，あなたはどのくらいの頻度で目にしていますか（※2020 調査［後］では「目にしていましたか」）。
- 都構想賛成派の市会議員や府議会議員，国会議員
- 都構想反対派の市会議員や府議会議員，国会議員
- 賛成派の一般人・団体
- 反対派の一般人・団体

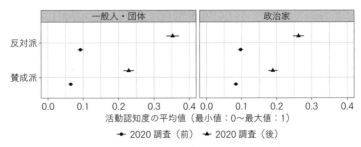

図 6-2　住民投票前・後における政治活動の認知度

注：図中の印は活動認知度の平均値，横棒はその 95% 信頼区間である。

　図 6-2 は以上の調査結果をまとめたものだ。この図では結果をわかりやすくするために，「全く見ていない」を 0 点，「1 週間に 1 回程度」を 1/7 点，「4-5 日に 1 回程度」を 1/4.5 点，「2-3 日に 1 回程度」を 1/2.5 点，「毎日」を 1 点に換算したうえで，それぞれの活動の認知度の平均値を掲載している。

　告示日前（2020 年 10 月 5～7 日）の結果から確認する。政治家も一般人・団体も，活動認知度の平均値は 0.1 を下回る。これは多くの大阪市民が，賛成派であれ反対派であれ，また政治家であれ一般市民であれ，**住民投票の告示日前はほとんど政治活動を見ていなかった**ことを意味する。「全く見ていない」を選択した割合でいうと，反対派の一般人・団体は 61%，賛成派は 69% である。政治家の活動を「全く見ていない」割合については，賛成派で 61%，反対派で 57% である。半数以上の大阪市民が，住民投票の告示日前は，賛成派の活動も反対派の活動も見ていなかったのである。

　賛成派と反対派の政治活動は，告示日以後に急増する。図 6-2 に示す 2020 調査（後）の調査結果を見ると，いずれも活動認知度が大幅に上昇していることがわかる。**もっとも差が広がっているのは**

反対派の一般人・団体の活動認知度であり，告示日前と住民投票後の差は 0.261 である。賛成派の活動認知度も増えているが，告示日前との差は 0.164 であり，反対派の差と比べると小さい。なお，告示日前と比べてもっとも差が小さいのは賛成派の政治家の活動認知度である（0.106）。松井や吉村の活動認知度もじつは高くなく，賛成派の政治家の中に彼らも含まれるので当然ではあるが，住民投票後の結果で 0.189 にとどまった。

　住民投票の結果は何度も述べるとおり反対多数となった。図 6-2 に示す活動認知度の差に鑑みれば，住民投票の結果を反対活動の成果と解釈しても不思議ではない。しかし，反対派の活動が活発に行われたからといって，それが原因となって反対多数になったとは限らない。むしろ都構想への賛否の推移は反対活動の成果という見解に疑問を呈する。

3　告示日前後で動かない世論

　10 月中の都構想賛否の推移を振り返ろう。ここでポイントとなるのは，第 1 章で説明した因果推論の第 2 のルールである。原因と結果の関係の前提条件として，両者の共変関係が必要となる。このルールを念頭におきながら，反対運動の影響を考えることにしよう。

　図 6-2 に示した筆者の調査結果が正しければ，告示前の時点では賛成派も反対派も，ともに活発な政治活動を行っていなかったことになる。これは政治家だけではなく，一般市民も共通する。政治活動を始めたタイミングが告示日後ならば，政治活動の効果は，告示日前後に見られるはずだ。

　JX 調査を用いて，告示日前後にどのような賛否の変動があった

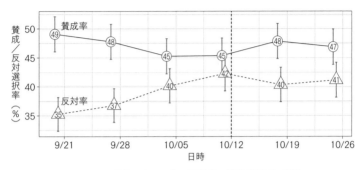

図 6-3　JX 調査における告示日前後の都構想賛否の推移

注：図中の印は選択率，エラーバーはその 95% 信頼区間である。JX 調査は 2 日間
　行われているが調査最終日としている。破線より左側は告示日前の調査結果であ
　り，右側は告示日後の調査結果である。

のかを確認しよう。図 6-3 は告示日前の 4 回分の調査結果と，告示
日後 2 回分の調査結果（10 月 18, 25 日）をまとめたものだ。図中の
破線の左側が告示日前の調査結果であり，右側が告示日後の結果で
ある。

　活発な政治活動が行われ始めたのは告示日後だ。したがって反対
派の活動が都構想への賛否に影響するのであれば，告示日後に反対
率が増えなければならない。しかし図 6-3 に示す都構想賛否の推移
はこの想定とは異なる。告示日以後，賛成率は減るどころか増えて
いるからだ。ただ，厳密にいえば，賛成率が増えたといえるほどの
変化ではない。告示日以後，賛否拮抗状態へと変化したと解釈した
ほうがよい。

　いずれにせよ告示日前後の世論の推移は，反対派の運動の影響力
に疑問を投げかける。原因は変わっている（活動量少→活動量多）の
に，結果が変わっていない（賛否拮抗→賛否拮抗）からである。

　しかし，図 6-3 だけでは反対活動の影響がなかったと主張するこ

とはできない。反対派の政治活動以外にも都構想への賛否に影響を
与える要因はある。告示日以後の推移は，そのような反対派の活動
以外の要因によってもたらされたものかもしれない。反対運動が投
票選択に与えた影響は，ミクロレベルの分析を通じて検証しなけれ
ばわからない。

4　反対活動が投票選択に与えた影響

　政治活動が大阪都構想への賛否に与えた影響は「見ていない」状
態から「見ている」状態への変化が賛否に与えた影響を分析するこ
とで明らかにできる。そこで告示日前から住民投票後の反対派の活
動の認知度の変化を測定したうえで，これが住民投票における投票
選択とどのような関係があるのかを，多項プロビット推定という方
法によって分析する（Kosuke Imai and David A. van Dyk "A Bayesian Analysis
of the Multinomial Probit Model Using Marginal Data Augmentation," *Journal of
Econometrics,* Vol. 124, No. 2, 2005）。疑似相関の可能性を一定程度排除す
るために性別，年齢，大阪における支持政党，政治関心，地元利益
志向，リスク回避志向の影響を統制する。

　図6-4は，認知度の変化と投票選択の関係について分析した結果
である。図中の丸印は，住民投票における「反対」あるいは「棄権
あるいはDK」選択にどのような影響を与えているかを示すもので
ある。正の符号の場合は認知度が高くなるほど選択しやすく，負の
場合は選択しにくくなるという解釈になる。上段の分析結果に政治
家の反対活動への認知度の変化が投票選択に与えた影響を，下段に
は一般市民のそれを整理した。

　まず反対運動の認知度の変化が，全体として投票選択にどのよう

反対派の政治家の活動に対する認知度の変化が投票行動に与えた影響

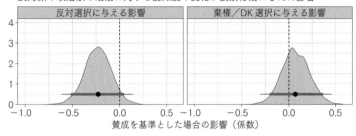

反対派の一般市民の活動に対する認知度の変化が投票行動に与えた影響

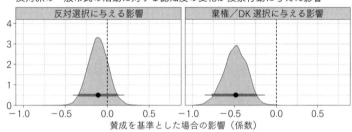

図 6-4　反対運動が投票行動に与えた影響

注：分析手法はベイズ推定を利用した多項プロビット。図中の丸は係数の事後分布
の中央値，太い線は 95% 信用区間，細い棒は 99% 信用区間である。従属変数の
基準カテゴリは賛成である。統制変数は性別，年齢，政治関心，2020 調査（前）
での大阪における支持政党，地元利益志向，リスク回避志向。統制変数の影響に
ついては省略する。

　な影響を与えたのかを確認する。意外な結果かもしれないが，図
6-4 を見ると，反対選択に対する符号の向きはともに正ではなく負
である。つまりこれは，反対派の活動を見た人ほど，住民投票で反
対に投票せず賛成に投票していたという結果である。係数の事後分
布の 95% 信用区間はどちらも 0 に重なっているが，賛成よりも反
対選択を促す可能性のほうが高いことがわかる。

　しかし，係数の絶対値を見るとどちらも −0.1 程度と小さい。こ

の−0.1という値を直接的に解釈することはできないのだが，はっきりといえることは，反対選択を促す確率が高いといっても，その影響力はかなり小さいということだ。効果量はほんの数ポイントの変動に過ぎない。実質的には賛否の選択に影響を与えるわけではないと解釈すべき結果だ。

　反対選択以上に影響を与えていると考えられるのは「棄権／DK」選択である。特に一般市民の反対活動への認知が「棄権／DK」選択に与える影響は大きく，係数の中央値も−0.5程度である。ただ，政治家の反対活動への認知度には，そのような影響力があるとはいえない。**一般市民の反対活動に対する認知度は，参加か棄権かという意思決定に影響を与えていた可能性はあるものの，賛否に対して影響を与えたとはいえない**ことを示す結果である。

　図6-4は，反対派の活動が反対選択を促す効果が限定的であったことを明らかにするものだが，この方法に対しては，次のような批判が可能である。すなわち，図6-4は効果があると考えられる反対活動も，効果がない可能性がある反対活動も，すべてを一括りにしてその影響を分析したため，反対選択を促すわけではないという結果になってしまっているのではないか，という批判だ。反対選択を確実に促すと考えられる活動への認知に焦点を合わせれば，反対運動が投票行動に与える影響は明瞭に示されるかもしれない。

　そこでさらなる分析として，反対派の政治家が主張していた「大阪市廃止」への認識が投票行動に与える影響について検証する。筆者は2020調査（後）で，賛成多数になると大阪市が廃止されることへの理解度を調査していた。選択肢は「大阪市が廃止される」「大阪市は廃止されない」「わからない」である。

住民投票の結果が賛成多数になったときにどうなるかについて，賛成派と反対派が主張していた事実と考えられるものを，それぞれ1つ選択してください。

　＊わからない場合は「わからない」を選択してください。

　• 大阪市について

　分析の前に棄権者を含む分布を述べると，「大阪市が廃止される」の選択率は80%，「大阪市は廃止されない」は8%，「わからない」が12%だった。投票参加者に限定すると「大阪市が廃止される」の選択率は83%である。反対派が主張していたからか，8割以上の大阪市民が，大阪市が廃止されることを理解していたという結果である。

　なお，筆者が2015年の住民投票後に同様の趣旨の質問で大阪市が廃止されることへの認識を調査したところ（善教将大『維新支持の分析──ポピュリズムか，有権者の合理性か』有斐閣，2018年，第6章），大阪市がなくなることを理解していたのは全回答者の70%だった。反対派議員などが住民投票期間中に大阪市が廃止されることを積極的に訴えたことで，大阪市廃止の理解度が5年前と比べると約10ポイント増えたことになる。

　この大阪市廃止への理解度が投票選択に与えた影響を分析した結果をまとめたものが，図6-5である。分析手法や統制変数は図6-4と同様のため説明を省略する。左図が「大阪市が廃止される」という回答の選択が反対選択に与える影響であり，右図が棄権／DK選択に与える影響である。独立変数の基準は「わからない」なので，「わからない」と比較したときの「大阪市が廃止される」を選択する影響となる。

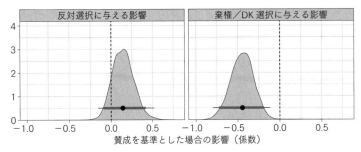

図 6-5　大阪市廃止への理解度が投票行動に与える影響

注：分析手法はベイズ推定を利用した多項プロビット。図中の丸は係数の事後分布
　の中央値，太い線は 95% 信用区間，細い棒は 99% 信用区間である。従属変数の
　基準カテゴリは賛成である。統制変数は性別，年齢，政治関心，2020 調査（前）
　での大阪における支持政党，地元利益志向，リスク回避志向。統制変数の影響に
　ついては省略する。

　図 6-5 に示す分析結果は，大阪市が廃止されることを理解している人は，住民投票で賛成への投票を基準とした場合，反対に投票する確率が高いことを示す。しかし，反対選択に対する理解度の係数の符号の向きは正であるが，係数の事後分布の 95% 信用区間は 0 に重なっている。

　つまり，図 6-4 の分析結果と同様に，反対選択に与える影響力は大きくないということだ。したがって大阪市廃止に対する理解度も，実質的には賛否の選択に影響を与えるものではないことになる。2015 年時点では，大阪市廃止を知っている人は反対に投票する傾向を確認することができたが（善教将大『維新支持の分析――ポピュリズムか，有権者の合理性か』有斐閣，2018 年，第 8 章），2020 年ではその傾向が見られなくなったということだ。なお大阪市廃止の理解度は，反対派の運動への認知度と同じく，棄権／DK 選択には強い影響を与える。

　本節の分析結果をまとめれば，**反対派の活動が大阪市民の反対選択を促した可能性は低い**というものだ。反対活動の認知度は賛成派のそれと比較すると高かった。しかしそれは反対多数となった理由を説明するものではない。

5 メリットがない vs. デメリットがある

　図6-4や図6-5が示唆するのは，判断に迷っていた緩い態度をもつ大阪市民は，反対派議員などがいう大阪都構想のデメリットに関する情報を，判断の際の手がかりとして利用していなかった可能性が高いということだ。反対運動の認知度や大阪市廃止の理解度は高いのに，それが投票選択にほとんど影響しないという結果は，反対派の活動を見ていたけどそこでの主張を参考にしなかったということだろう。

　では大阪市民は大阪都構想への賛否について，何を手がかりに判断しようとしていたのか。結論からいうとそれは，**大阪都構想のメリットに関する情報である**。大阪市民は，特別区を設置することによって生じる多くのデメリットをまったく知らなかったわけではない。むしろ2011年から10年にわたり続いている政治闘争の中で，特別区の設置ないし大阪都構想には多くのデメリットがあることはわかっていた。そのことを承知のうえで，それでもなお大阪都構想を実現するメリットがあるならば，それは何かが大阪市民にとっては重要だった。

　しかし，このメリットが何かという点について，大阪市民は十分に理解することができない状態にあった。**大阪府と市の協調関係を担保する方法は大阪市を廃止するだけではないことが**，すでに明ら

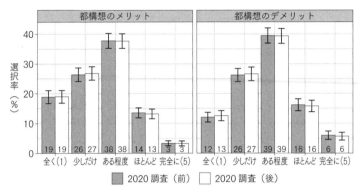

図 6-6　住民投票前・後におけるメリット・デメリット理解度の分布と変化
注：エラーバーは選択率の 95% 信頼区間である。

かになっていたからだ。大阪市を廃止・解体するという多大なコストを払わなくても，政党という道具を有効活用すれば「政治的な」統合は可能である。その事実を，維新は自らの手で証明していた。だからこそ図 5-3 に示したように，制度によって保証する必要があるという賛成派の主張は，大阪市民に賛成票を投じてもらう理由としては説得力に欠けるものとなってしまっていた。

　そのことは，告示日前や住民投票後の，大阪都構想に関するメリットとデメリットに対する理解度からも窺い知ることができる。図 6-6 は，以下の質問で大阪都構想のメリットとデメリットについて，それぞれどの程度理解しているかを尋ねた結果を整理したものだ。選択肢は「全く理解していない (1)」から「完全に理解している (5)」までの 5 件尺度である。左図が都構想のメリットの理解度，右図がデメリットの理解度である。

あなたは現時点で以下の項目について，どの程度理解していますか。
- 都構想のメリット
- 都構想のデメリット

　この図のポイントは2点ある。第1はメリットよりもデメリットに対する理解度のほうが，相対的には高いということである。このような結果となる理由は，第1章で述べたように維新を支持しない人の強度が強い一方で支持者の強度が弱いからだと考えられる。第2は告示日前と住民投票後で，メリットとデメリットの理解度がほとんど変化していないことである。この点については，賛否拮抗の原因について議論する際に改めて検討する。

　いずれにせよここで重要なのは，住民投票の告示日前から住民投票後に至るまで，**大阪市民の多くは一貫してデメリット以上に大阪都構想のメリットについて理解していない，あるいはできないと考えていた**という事実だ。そしてこのメリットを理解できないという認識は，序盤の賛成優位から賛否拮抗へという変化の主要因でもあった。

　そのことをはっきりと示すのが図6-7である。この図は2020調査（前）を用いて，都構想のメリットとデメリットへの理解度が，都構想への賛否に与える影響を分析した結果を整理したものだ。大阪都構想への賛否は，図5-4の分析で用いているものと同じである。性別，年齢，学歴，居住年数，政治関心，大阪における支持政党などの要因の影響を統制したうえで，メリットとデメリット理解度が都構想への賛否に与える影響を分析している。上段の図が順序ロジット推定の結果を整理したものであり，下段の図が，メリット理解度とデメリット理解度の影響を，事後シミュレーションによりわか

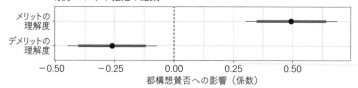

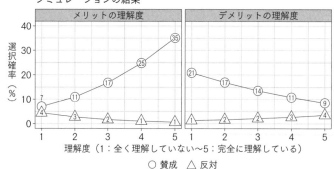

図6-7　メリット・デメリットの理解度が都構想賛否に与える影響

注：上段の図は順序ロジット推定の結果であり，図中の印は回帰係数の点推定値で
あり，グレーの太線は点推定値の95％信頼区間，黒色の細い線が99％信頼区間
である。下図は，順序ロジットの推定結果にもとづく事後シミュレーションの結
果である。値を動かす変数以外の変数の値は平均値に固定した。統制変数は大阪
における支持政党，性別，実年齢，学歴，居住年数，政治関心，人間関係への評
価，過程への評価である。都構想への賛成・反対以外の項目の選択確率は図が煩
雑になるため省略している。

りやすく示したものである。

　図6-7に示す分析結果からわかる重要な事実は，デメリットに対
する認識よりもメリットに対する認識のほうが，告示日前の大阪都
構想への賛否と強く相関していることだ。図6-7上段の推定結果か
ら明らかなように，デメリットの理解度は都構想への賛否とそれほ
ど強く相関しない。下段にまとめた事後シミュレーションの結果を

見ると，メリットに対する理解度が低い値（1）から高い値（5）へと変化すると，「賛成」を選択する確率が 28 ポイント増加し，「反対」を選択する確率が 3 ポイント低下する。しかしデメリット理解度には，そこまで大きな変動は見られない。

　当初高かった賛成率がなぜ低下していったのか。その理由は，反対運動の成果，あるいはデメリットへの認識が広がっていったからではない。**現状の「維新政治」体制の中で，大阪市を廃止するだけのメリットを大阪市民は見出せなかったからである**。図6-7はこの主張をはっきりと裏付ける。

6　都構想知識の調査結果から見える市民の混乱

　図6-3に示す都構想賛否の推移によれば，告示日以後，賛成率の低下傾向は見られなくなり，賛否拮抗という状態が継続している。なぜ賛成率は下げ止まったのか。この問いを解く鍵は告示日以降に何が起きていたかにある。

　図6-2に示す活動量の変化からも推察されるように，住民投票の告示日前と後の大きな違いは賛成派と反対派の政治活動量だ。筆者は，この政治活動量の変化が賛否拮抗状態を作り出した主要因だと考えている。**つまり活発な政治活動が行われたことにより，市民は混乱してしまい，その結果，賛否を迷っていた人が判断を留保する傾向を強め，拮抗状態が継続することになった**のだ。

　図6-6に整理したメリットとデメリットの理解度を，もう一度見てほしい。告示日以後，賛成派も反対派も活発な政治活動を行っていた。それにもかかわらず，メリットもデメリットも理解度がほとんど変化していない。通常，大阪都構想に関するさまざまな情報を

入手することで，理解度は進展していくはずである。しかし実態は
そのような想定とは異なり，メリットもデメリットも，住民投票後
の理解度は告示日前の水準とほとんど変わらない。

　なぜ，活発な政治活動が繰り広げられていたにもかかわらず，メ
リットやデメリットに関する理解度が進展しなかったのか。その理
由は先に述べたとおり，大阪都構想の内容が抽象的で理解すること
が困難であることにくわえて，賛成派と反対派の主張の多くが食い
違っていたからである。

　賛成派と反対派の意見対立と矛盾がもっとも明瞭に表れたのは，
コストに関する問題認識だった。たとえば賛成派は初期コストにつ
いて 241 億円と試算していた。これに対して反対派は 464 億円かか
ると主張した。新しい庁舎建設費を初期コストに含めるか否かでこ
の差が生まれた。

　特別区を設置することによる分割コストも同様だ。賛成派は，人
件費やシステム経費等がかさむのでコストはかかるが，年間 34 億
円程度だと主張していた。これに対して反対派は，スケールメリッ
トが失われるので年間 200 億円程度かかると主張した。コストの試
算方法の相違がこの食い違いの原因であった。

　このように何に対してどのくらいの費用がかかるのかという点で，
賛成派と反対派の間には大きな矛盾が存在していた。大阪市の政
治・行政に精通している人ならともかく，一般市民がこれらのうち，
どれが「正しい」情報なのかを判断することは難しい。

　さらに「二重行政」の原因についても賛成派と反対派で意見は食
い違いを見せた。賛成派は大阪府と市の権限が並び立っていること
に原因があると主張した。しかし反対派は，バブル期に財政が潤沢
だったことが「二重行政」の原因であり，権限が問題ではないと主

張していた。

このような論戦が繰り広げられたことにより，多くの大阪市民は混乱していった。何が正しいのかわからない状態が作り出されたことで，事態を見守ろうという姿勢が強化されたのだ。

大阪市民がいかに混乱していたかは，大阪都構想に関する知識の調査結果からわかる。先に述べたとおり2020調査（後）には，大阪市廃止をどの程度認識していたかを確認するための質問を設けていた。しかしそれだけではなく，全戸に配布された『投票公報』に記載されていた事実に関して，どのくらい認識していたかも調査していた。この質問はあくまで，賛成派と反対派が『投票公報』の中で主張している事実を確認するものであり，主張内容の妥当性について，回答者の判断を問うものではない。括弧内で＊印をつけている選択肢が「正答」である。

- 基礎自治体の権限（政令市の時と変わらない［A］／特別区になると減る［B＊］／わからない［DK］）
- 社会福祉協議会（社会福祉協議会はなくなる［A＊］／社会福祉協議会はなくならない［B］／わからない［DK］）
- 無駄の解消による財政効果（10年間で1.1兆円程度［A＊］／10年間で1100億円程度［B］／わからない［DK］）
- 都市インフラなど広域行政の権限（大阪府に一元化されない［A］／大阪府に一元化される［B＊］／わからない［DK］）
- 教育委員会の数（1つになる［A］／4つになる［B＊］／わからない［DK］）

調査結果は図6-8に整理した。上段の図は，先に述べた5つの質問項目の回答分布である。2択のうち1つを選択する問題なので，

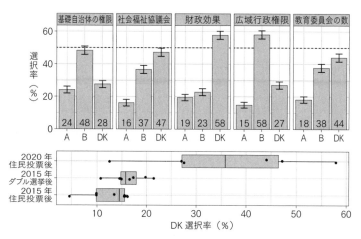

図 6-8 大阪都構想に関する知識の調査結果と DK 率の比較

注：上段図中のエラーバーは選択率の 95% 信頼区間である。

ランダムに選んでも 50% は正解する。そのため 50% のラインに破線を引いている。下段の図は DK 率の比較分析の結果を整理したものである。これについては，後ほど説明する。

調査結果を見て，まずわかるのは異様な正答率の低さである。50% を超えているのは「広域行政権限」に関する質問だけであり，他はすべて正答率が 50% を下回っている。もっとも，それは多くの大阪市民が誤答を選択したからではない。正答でも誤答でもなく「わからない」を選択していることにより，このような結果となっている。**この図に整理した結果の特徴を一言で述べれば，それは異様な DK 率の高さなのである。**

筆者は 2015 年の住民投票後に『投票公報』に記載されている事実について確認するための調査を行っている（善教将大『維新支持の分析——ポピュリズムか，有権者の合理性か』有斐閣，2018 年，第 6 章）。その

ときは 8 項目について調査したが，DK 率の平均値は 13% であった。またどれほど高くても，DK 率が 20% を超えることはなかった。住民投票の直後だから覚えているだけかもしれないということで，2015 年の大阪市長・府知事選のあとにも同様の項目について調査した。半年後に調査したこともあり，DK 率が高くなる傾向は見受けられたが，それでも平均値は 16% であり，DK 率の最大値も 22% だった。

しかし図 6-8 下段の図に示すように，2020 調査（後）では，図 6-5 の分析で用いた「大阪市廃止」に関する質問を除き，どれも DK 率は 20% を超えていた。もっとも DK 率が高いのは「財政効果」であり，その値は 58% と半数以上の回答者がわからないと回答した。

繰り返すが図 6-8 に整理した調査項目は，いずれも全戸配布の『投票公報』の中に記載されていたものだ。相互に矛盾する説明や論争が繰り返し行われ続けたことで，『投票公報』に記載されている内容さえ半数以上が「わからない」と回答するほど，大阪市民は混乱していたのである。その結果が，賛否拮抗状態の継続だったということだ。

7　ま と め

本章で明らかにしたのは，住民投票告示日以後の世論の動態である。賛成優位であったにもかかわらず，告示日前に賛成率は低下する。その背景には大阪市民の，大阪都構想のメリットが見えないことへの問題意識があった。分析の結果はこの主張を支持するものであり，デメリットの理解度以上にメリットの理解度が，都構想への

賛否と強く相関していた。

　では，なぜ告示日以後，賛否が拮抗したのか。そのこたえは大阪市民の混乱にあった。多くの矛盾する情報が行き交ったことにより，判断を留保せざるを得ない状況が生まれた。都構想知識の調査結果は，市民がいかに混乱していたかを明らかにしている。

　以上は，反対派の政治活動は投票選択に対して強い影響を与えなかったことを前提とする説明である。たしかに反対派の活動量には目を見張るものがあったが，活動することとその影響があることは別である。実際に本書ではさまざまな角度から反対活動の効果を分析したが，そのすべてにおいて，反対選択を促す強い影響を確認することはできなかった。

　混迷を極めるなかで住民投票は最大の山場である最後の1週間へと突入する。賛否拮抗から反対多数へと世論が動いたのもこのタイミングだったとされる。「山」を動かしたのは何か。次章では毎日新聞報道の影響の分析を通じて，逆転劇の真相を明らかにする。

第**7**章
毎日新聞報道で山は動かない

本章は最終週の逆転劇を説明する通説的見解への挑戦である。図7-1 に記すように住民投票直前まで維持されていた賛否拮抗は，投開票日の直前に逆転する。この逆転劇をもたらしたとされているのが，毎日新聞が10月26日の夕刊で報じたコスト問題である。しかし筆者の考えは別にある。では，何が逆転劇をもたらしたのか。この問いは観察された事実を分析しても解明が困難という意味で，本書における最大の難問でもある。筆者はそれを実験によって解く。その結果明らかとなるのは，ヒューリスティクスとしての松井の重要性である。序盤から終盤まで，都構想実現の鍵を握り続けていたのは松井だったというのが筆者の主張である。

1 最終週に逆転した都構想への賛否

妥当性と信頼性の高い世論調査を実施することは，年々難しくなってきている。そのなかでJX通信社は，1週間に1回というハイペースで信頼性の高い世論調査を実施し，結果を公表し続けた。既存のメディアでは困難な，まさに神業ともいえる調査だ。このJX調査がなければ，最終週の逆転劇が明らかにされることもなかった。

選挙結果は水物だという人がいる。たしかに最後まで結果はわからない。動く可能性は十分あるという意見はそのとおりなのだろう。

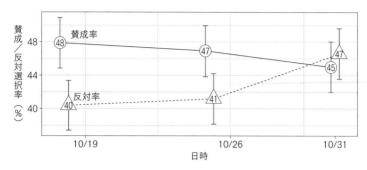

図 7-1　JX 調査における 2020 年 10 月中旬から投開票日直前までの都構想賛否の推移

　注：図中の印は選択率，エラーバーは選択率の 95% 信頼区間である。JX 調査は 2
　　　日にわたり行われているが，表記が煩雑になるのを防ぐために調査最終日として
　　　いる。

しかし，実際に動く確証があるかというと話は別だ。「山」を動か
すきっかけがなければ賛成多数の可能性は十分ある。拮抗しつつも
賛成優位が続いていたこともあり，このまま賛成側が逃げ切ると予
測する人もいた。

　状況が一変したのは最終週初日の 10 月 26 日だった。毎日新聞の
夕刊 1 面に「大阪市 4 分割ならコスト 218 億円増　都構想実現で特
別区の収支悪化も　市試算」というタイトルの記事が掲載されたの
だ。特別区を設置すると大阪市のスケールメリットが失われ，年
218 億円のコストが発生するかもしれないことを懸念する内容の記
事だ。

　経緯については次節で改めて説明するが，報道がなされたタイミ
ングが投開票日の直前ということもあり，松井は「火消し」に追わ
れた。しかし振り子は戻らない。都構想の賛否は逆転し，その状態
で 11 月 1 日をむかえることとなる。そして大阪市民は 2015 年の住

民投票に引き続き，もう一度，都構想に「No」を突きつけた。

　反対多数の決定打になったのは，先に述べた毎日新聞のコスト報道だ。そのように理解している人は多い。実際に逆転劇を明らかにしたJX通信社代表の米重氏は，解説記事（米重克洋「最終盤に急増した『反対』——独自データで読み解く大阪都構想住民投票『否決』のワケ」2020年11月2日　YAHOO! JAPANニュース。URL: https://news.yahoo.co.jp/byline/yoneshigekatsuhiro/20201102-00205974/）の中で以下のように述べる。

　「大阪市を4分割する都構想で行政のコストが218億円増える試算がある」といった趣旨の報道が行われた。

　この問題は，ここ数ヶ月の都構想論議の中で最も有権者の耳目を集めた可能性がある。NHKが1日の開票速報で公開した，期日前投票の出口調査のトレンドでも，報道の翌日の27日を境に反対票が増える様子が示されていた。同様に，同時期，同社のSNSビッグデータ分析でも「コスト」といった関連キーワードが注目されたことが示唆されている。

　（中略）調査もそれを反映してか，ABCテレビとJX通信社が実施した最終盤（30日・31日）の調査では反対が5.4ポイントもの伸びを見せて，ついに僅差ながらも賛成を逆転するに至った。

　この解説記事は，Yahooニュース11月の「月間MVA（Most Valuable Article）」に選ばれた。最終週の逆転劇を明らかにした独自の調査結果を用いつつ，さらにTwitterの分析結果を踏まえた圧巻の記事である。月間MVAに選ばれるのは当然といえよう。

　しかし，この解説記事には多くの点で疑問がある。第6章で議論したように，反対派の運動に賛否を左右するような影響はなかった。賛成率低下の原因は，反維新陣営によるデメリットの主張ではなく，

維新あるいは松井が都構想のメリットを十分に説明できなかったからだ。都構想のデメリットは散々指摘されていた。そのなかで「新たな事実」が報道されても，それが決定打になるとは限らない。

くわえていえば，都構想のデメリットに関する情報の影響は，大阪市民がおかれている文脈により大きく変化する。誰が，どの情報を，どのタイミングで入手したかがここでは重要だ。投開票日まで1週間をきるタイミングで「新たな事実」を公開することは，維新支持者の態度を変えるというよりも，感情を逆撫でさせ，かえって態度を硬化させた可能性もある。ただでさえ混乱していた大阪市民を，さらなる混乱に導くものに過ぎないという見方もできる。

このように考えると**「毎日新聞の報道によって反対多数になった」とは，簡単にはいえない**ことがわかる。しかし，最終週に賛否が動き逆転したという調査結果の信頼性が高いことは確かだ。

図7-1を再度見てほしい。10月26日と31日の調査では反対率が大きく異なっている。95%信頼区間を示すエラーバーは重なっているが，これは差があるとはいえないことを意味しない。専門的な話なので詳細は割愛するが，統計学的には賛否が動いたと十分に判断できる変動である（Ruben K. Gabriel, "A Simple Method of Multiple Comparisons of Means," *Journal of the American Statistical Association,* Vol. 73, No. 364, 1978）。

そのうえで本書では，毎日新聞の報道が賛否逆転をもたらしたという米重氏の説明に異を唱える。**ここでの主張は本章のタイトルにあるとおり「毎日新聞報道で山は動かない」である。**では，何が逆転劇をもたらしたのか。その解答を述べる前に，最終週の経緯を振り返る。ヒントはそこにある。

2　最終週の経緯——毎日新聞報道から謝罪会見まで

　10月26日正午。毎日新聞デジタルに「大阪市4分割ならコスト218億円増　都構想実現で特別区の収支悪化も　市試算」というタイトルの記事が掲載された。また，当日の夕刊にも同じ内容の記事が掲載された．10月15日と25日の2回にわたる大阪市財政局の入念なチェックを経て作成された記事だった。

　この記事の概略を改めて述べれば，大阪市を4つに分割すると収支が悪化するので，行政サービスが低下するのではないかというものだ。その根拠としては，4つの自治体に分割することで，スケールメリットと呼ばれる行政事務の効率性が失われてしまうことがあげられていた。これにくわえて，具体的な数値として示されたのが基準財政需要額の増額であり，これが年218億円増加するという大阪市財政局の試算の結果が報じられた。

　基準財政需要額とは，自治体の財政需要を，自治体固有の条件などを捨象しつつ，自治体の自然的・地理的・社会的諸条件を勘案しながら，どのくらいの財源が必要かを計算した理論値だ。実際の予算額あるいは支出額とは異なり，あくまでさまざまな諸要因を加味しつつ機械的に算定される。「実際にいくら必要かはわからないけど，あなたの条件だったらこのくらいかな」という形で見積もられる額だと考えればよい。

　大阪市を4つの自治体に分割する場合，制度上，土木費や社会福祉費などの補正係数と呼ばれる数値が変わる。その結果，218億円ほど基準財政需要額が増加するというわけだ。

　毎日新聞以外のメディアもこの件を報道した。たとえば朝日新聞

と NHK は毎日新聞の報道がなされた直後に，この件をすぐさま報
道した。ただし，毎日新聞が 4 つの「自治体」に分割した場合と説
明していたのに対して，朝日新聞と NHK は 4 つの「特別区」に再
編した場合と報じた。そのため記事発表後，朝日新聞と NHK の報
道に関しては修正がなされることになった。

　多くのメディアが 26 日の時点でこの件に注目したこともあり，
**松井は 26 日午後に行われた囲み取材で毎日新聞の報道内容に言及
し，「218 億円は大阪市を 4 つの政令市に分割した場合だ。違うも
のと比較している。偏向報道だ」**などと批判した。維新の議員たち
も Twitter などで積極的にこの記事への反論を展開した。

　維新陣営が過剰に反応したためか，10 月 27 日に財政局長である
東山潔は会見を開いた。ただこの時点では，誤解を招いたとは述べ
つつも「取材内容をきちんと書いてある」などと，内容に誤りはな
いと説明していた。

　しかし松井の怒りはおさまらなかった。10 月 27 日午後の囲み取
材で「公務員としておかしい」と，財政局の対応などを批判した。
さらにこの問題は国会での代表質問にも飛び火した。日本維新の会
幹事長の馬場伸幸が，10 月 29 日に国会で毎日新聞の記事は「大誤
報」だと批判したのである。そのような事情もあり，メディアはこ
の騒動をさらに積極的に報じた。

　10 月 29 日の午後 5 時に東山局長は再び記者会見を開いた。会見
内容は「試算はあり得ないものだった」と毎日新聞に提供した試算
を撤回する趣旨を述べるものだった。さらに「誤った考え方に基づ
き試算した数字。ねつ造といわれても仕方ない」とも述べた。2 日
前の記者会見の説明と異なることや，メディアによる誘導などとい
われたことを受けて，毎日新聞の記者は会見の場で反発した。毎日

新聞はこの会見後に紙面上で，記事内容や取材の正当性を改めて主張している（『毎日新聞（電子版）』2020年10月31日付）。

　財政局長による2度目の記者会見の背景には，松井の厳しい批判だけではなく松井が直接行った厳重注意もあった。当初からこの報道内容を問題視していた松井は，10月29日午後，副市長など複数人の立ち会いのもとで，東山と20分ほど面談した。そこで「ねつ造と評価されても仕方がない」などと注意した。2度目の東山の記者会見は，松井の厳重注意のあとに行われたものだった。

　このように最終週では毎日新聞の報道内容をめぐる攻防戦が繰り広げられた。さまざまな憶測と批判が飛び交うなか，投開票日である11月1日を迎えることとなった。

3　何が山を動かしたのか

　米重氏の解説にあるとおり，最終週の逆転劇は毎日新聞の報道によるものだという見解がいまや通説となっている。大阪市の人事室も，2020年12月24日に開いた記者会見で「特別区に移行した場合のコストの問題と受け止めた人がおり，影響があった」などと述べている。この会見において，新聞報道が投票選択に与えた因果効果を示す根拠は示されていない。それでもなお新聞報道の影響があったと主張された事実は，これが通説となっている現状を物語る。

　しかし，毎日新聞の報道によって反対が増えたという主張にはよくわからない点が多い。維新を支持する人たちの中には，大阪市民が毎日新聞に「騙されてしまった」と主張する人がいる。その可能性を否定するわけではないが，なぜ報道内容を目にした自身は「騙されず」に済んだのだろうか。自分以外の他者がメディアに騙され

ているという主張は，それを実証しない限り印象論の域を出るものではない。

　自身にとって好ましくない事態に陥ったときに，「メディアに有権者が騙されているからこんなことになるのだ」と考える人がいる。特に自分が強い選好をもつときに，自分とは異なる選好をもつ人に対してそのように考える傾向が強くなる。この現象は，メディア研究の中でいわれている「第三者効果」に近いものだ（**Column ③**）。

　本書のこれまでの分析結果が明らかにしているのは，**住民投票の序盤から一貫して，大阪市民はさまざまなヒューリスティクスを利用し，都構想への賛否を判断してきた事実だ**。もちろん，大阪市民はありとあらゆる手がかりを利用していたわけではない。判断の拠り所となる情報に限定し，それを手がかりとして利用してきた。

　第Ⅱ部の議論を振り返ろう。第 5 章で述べたように，序盤に見られた賛成優位は，これまでの維新あるいは松井の，都構想実現に向けた「過程」に対する評価であり，都構想そのものへの評価ではなかった。言い換えるとこれまでの過程を手がかりに，都構想への賛否について大阪市民は判断していただけだった。

　告示日以降，賛否が決まらず判断に迷っていた大阪市民は多数いた。迷いを生じさせていた原因の 1 つはデメリットではなくメリットが見えなかったことだ。第 6 章の分析結果が明らかにしているのは，この単純だが重要な事実である。

　メリットがわからないなかで，それを判断する際にもっとも重要となる手がかりは何か。**それは松井の言動や行動だ**。

　住民投票の告示日以後，テレビなどで都構想の必要性やメリットを説明し続けていたのは大阪市長であり，維新の代表でもあった松井だ。都構想には多くのデメリットがある。そのなかで松井がメリ

ットをどのように説明するかを，大阪市民は観察し続けていた。

　たとえ維新を支持する人であっても，政治家やメディアに動員されるだけの「大衆」ではない。最終局面まで松井が都構想のメリットをどう説明するかを批判的に吟味し，納得しなければ判断を変える。**毎日新聞報道が山を動かしたのではない。山を動かしたのは，手がかりを用いながら妥当な選択を行おうとしていた大阪市民の自律的な判断だ。**

　思い返せば松井は毎日新聞の報道に対して過剰ともいえる反応を見せていた。もちろん，残り1週間という最終局面での試算公表だから早急に「火消し」を行う必要があったのかもしれない。しかし分市案は松井自身が10月26日の囲み取材で述べたとおり，2012年の時点で決着がついていた話だった。基準財政需要額が分市したときに増えることと，特別区設置のコストが別であることは，毎日新聞の記者も認めていた。関係がない試算だと適当に報道を流し，十分に説明できていなかったメリットを説明する道もあった。

　しかし松井は毎日新聞の報道がなされた直後から「ねつ造」などと批判し続け，さらには財政局長に厳重注意する道を選んだ。ここが最後の分かれ道となったのだ。

　態度を留保していた一部の人が判断の拠り所としたのは，このような松井の対応だった。本当にデメリットがないなら過剰な反応を見せる必要などない。過剰な松井の，あるいは維新の反応を見て，判断に迷っていた人の一部が都構想に疑念を抱き，それが賛否逆転へのひと押しになった。以上が最終週で起きた逆転劇のメカニズムだったというのが筆者の主張である。

4　効果量・内生性・多重共線性という難問

　「計量的な分析なんて簡単でしょ。適当に調査をして，ソフトの
ボタンを押せばいいのだから」という声を耳にしたことがある。世
の中は広いので，そのように考えてしまう人がいるのは仕方のない
ことだ。しかし手がかりとしての松井の影響を明らかにすることに
対しては，絶対にそのような軽口は叩けない。それほどの難問だと
断言できる。

　その理由は 4 点ある。**第 1 は効果の小ささである**。原因が毎日新
聞の報道であれ松井であれ，それが投票選択に与える効果量は小さ
いと予測される。最終局面で生じた賛否の変動はわずか数ポイント
に過ぎないからだ。賛否の比率がほとんど変わらない状況でのひと
押しだったからこそ注目されているものの，効果量という点からい
えば小さい。微細な効果量を正確に推定することは至難だ。

　方法論上，数ポイントの変動を正確に推定するには，数万人規模
のデータが必要となる。1000 人や 2000 人では明らかに不十分であ
り，1 万人でも微妙な線だ。しかし筆者の手元にあるのは 2000 人
規模のデータだ。この規模の調査で数ポイントの変動を推定しなけ
ればならない。

　第 2 は内生性によるバイアスの問題である。毎日新聞報道を見た
ことと住民投票で賛成あるいは反対に投票したことの間には，報道
→投票選択という因果関係にくわえて，投票選択→報道という因果
関係もあると考えられる。このように原因と結果が循環的な関係に
ある場合，適切に因果関係を分析できない問題が発生する。これを
内生性によるバイアスという。

　何が問題かがわかりにくいので，もう少し詳しく説明しよう。まず，毎日新聞報道に投票選択を変える影響があるなら，報道を「知っている」ことと「反対」選択が関係する。これが報道→投票選択という因果関係である。ここで最終週の経緯を思い出してほしい。毎日新聞の報道を積極的に取り上げたのは松井だった。松井の動向は，維新を緩く支持する人が観察していた。そうすると，「賛成」しがちな人が報道を「見る」傾向を強めることにもなるので，投票選択→報道という因果関係も成立することになる。これは1つの例だが，原因と結果が内生的な関係にある場合，毎日新聞報道が都構想への賛否に与えた影響を，うまく推定できなくなるのだ。

　第3は多重共線性である。毎日新聞の報道内容への認知と松井の行動への認知はセットだ。毎日新聞報道の内容は知っているけど，松井の発言はよくわからないといった状況を考えることは難しい。この場合，統計分析でいうところの多重共線性に近似する問題が発生する。

　毎日新聞報道，松井の対応，財政局長の謝罪会見という一連の流れは，すべて数珠つながりだ。毎日新聞の報道内容を知っている人は，松井の対応も知っている可能性が高い。謝罪関係についても同様だ。このような関係性が成立している場合，構成要素の中の何が効いているのかを特定することがきわめて難しくなる。本書の主張の妥当性は，何が手がかりかを識別しなければ検証できず，この問題はかなりやっかいだ。

　第4は大阪市民が毎日新聞の報道内容について「知らない」状態を，もはや作れないことだ。毎日新聞の報道によって賛否が逆転したかどうかを検証するには，厳密には，毎日新聞の報道がなされていない架空の並行世界を作り，そこでの都構想の賛否の推移と現実

の推移を比較しなければならない。学術研究では「合成統制法（synthetic control method）」と呼ばれる手法などで並行世界を作ることもあるのだが，そのための情報やデータが不足しており，この方法を用いることは難しい。

　報道内容などが「知られていない」状態から「知られた」状態に変化することの賛否の変動をどのように分析するか。この問題の解決方法についても考えなければならない。

　まとめよう。①毎日新聞の報道がなされていない並行世界を作ったうえで，②原因と結果の循環関係を断ち切り，③毎日報道の報道内容と松井の行動を区別したうえで，④松井の行動への認知の影響を分析しなければならないということだ。

　この問題は，通常の意識調査の分析で解決することはほぼ不可能だ。ではどうするか。本書ではこれらの問題を実験という手法により解決する。

5　サーベイ実験で限界を超える

　先に述べた 4 つのハードルを超えることは容易ではない。しかし，まったく解決できない課題かというとそれは異なる。実験という方法で解決可能である。それが本書の戦略だ。

　まず，毎日新聞報道がなされていない並行世界をどう作るかである。もちろんそのようなことは現実には不可能なのだが，その代替措置として利用可能な方法はある。毎日新聞の報道内容をほとんど知らない対象に注目するのだ。政治にあまり関心がない人，関心があっても忙しくてニュース報道などにあまり目を向けることができなかった人などを対象とすることで，毎日新聞報道がなされていな

いという擬似的な「並行世界」を作る。

　もちろん，毎日新聞報道をまったく知らないような，関心があまり高くない人たちだけで現実の世界が形作られているわけではない。その意味で，完全な並行世界とはならない。しかし，最終局面まで判断に迷っていた人と，そうではない人の差を考えたときに，前者のほうが維新や都構想に対する態度は「緩い」はずだ。**強い関心をもたない人を対象とすることにこそ意味があると考えるべきだろう。**

　このように特定の層に焦点を絞ることには，上述した第1の問題を解決する意図もある。理論上，その効果がもっとも出やすい対象に注目することで，全体としては微細であっても析出可能な効果量とするわけだ。

　では，どのように対象者を絞るのか。2020調査（後）では，毎日新聞報道の認知度などを以下の質問で尋ねていた。選択肢は「詳しく知っている」「なんとなく知っている」「全く知らない」である。この質問を用いて回答者を分類する。

住民投票の投票期間中の出来事についてお聞きします。『毎日新聞』などで大阪市を4つに分割した時のコスト試算が報じられました。また，この試算に対して大阪市財政局は謝罪会見を開きました。あなたはこれらについて，知っていますか。

- 『毎日新聞』の報道
- 大阪市財政局の謝罪会見

　続いて実験設計を説明する。まず，回答者を無作為に4つのグループに分ける。1つは統制群と呼ばれるグループだ。このグループに割り当てられた人には「仮にもう一度同じ協定書に対する住民投

票が実施された時，賛成しますか，反対しますか。」と尋ねる。選択肢は「賛成」「反対」「白紙を投票する／棄権する」「わからない」である。

　残る 3 グループには，統制群とは異なる情報を提示したうえで賛否を尋ねる。1 つ目のグループは毎日新聞のコスト報道の情報を与えたうえで，賛否を尋ねる実験群である。これを処置群 1 とする。2 つ目のグループは毎日新聞の報道に，財政局長の謝罪会見の情報を加えたうえで賛否を尋ねる実験群である。処置群 2 としている。3 つ目のグループは処置群 2 の情報に松井が厳重注意した情報を加えたうえで賛否を問う実験群である。処置群 3 とする。

　実験に使用したヴィネット（仮想的な状況を想起させるようなシナリオやシチュエーション）は図 7-2 に整理した。注意点を述べておくと，第 1 にヴィネットにはすべて，毎日新聞記事のリンク（https://mainichi.jp/articles/20201026/k00/00m/040/061000c）を貼っている。第 2 にヴィネットの文字数が多いので，次の質問にいくまで 30 秒の制限を設けていた。被験者が読み飛ばし行為などを行わないようにするためである。第 3 に注目してほしい情報は赤字とした。図 7-2 の太い文字が実際には赤字にした箇所だ。

　内生性と多重共線性は実験でないと解決することが難しい。本書で用いるサーベイ実験は無作為配分という方法を用いて回答者を複数のグループに分類している。無作為配分によって原因と結果の循環は統制されるので，毎日新聞報道→投票選択という因果関係を分析することが可能となる。くわえて図 7-2 に示すように，異なるヴィネットを用意し，それぞれの相違を見れば，どの要因が投票選択に影響を与えるのかを峻別できる。

処置群1：毎日新聞報道	処置群2：謝罪会見	処置群3：松井の厳重注意
『毎日新聞』は2020年10月26日に「大阪市を四つの自治体に分割した場合，標準的な行政サービスを実施するために毎年必要なコスト「基準財政需要額」の合計が，現在よりも約218億円増えることが市財政局の試算で明らかになった」と報じました。	『毎日新聞』は2020年10月26日に「大阪市を四つの自治体に分割した場合，標準的な行政サービスを実施するために毎年必要なコスト「基準財政需要額」の合計が，現在よりも約218億円増えることが市財政局の試算で明らかになった」と報じました。	『毎日新聞』は2020年10月26日に「大阪市を四つの自治体に分割した場合，標準的な行政サービスを実施するために毎年必要なコスト「基準財政需要額」の合計が，現在よりも約218億円増えることが市財政局の試算で明らかになった」と報じました。
	これに対して大阪市財政局は「財政局が誤った考え方に基づき試算した数値が様々に報道されたことにより，市民の皆様に誤解と混乱を招く結果になりました」という見解を発表し，謝罪会見を開きました。	これに対して松井一郎大阪市長は財政局長に対して厳重注意し，その結果，大阪市財政局は「財政局が誤った考え方に基づき試算した数値が様々に報道されたことにより，市民の皆様に誤解と混乱を招く結果になりました」という見解を発表し，謝罪会見を開きました。
その上であなたは，仮にもう一度同じ協定書に対する住民投票が実施された時，賛成しますか，反対しますか。	その上であなたは，仮にもう一度同じ協定書に対する住民投票が実施された時，賛成しますか，反対しますか。	その上であなたは，仮にもう一度同じ協定書に対する住民投票が実施された時，賛成しますか，反対しますか。

図7-2 サーベイ実験のヴィネットの概要

6 すべての回答者を対象とする実験結果

　実験結果を分析する前に毎日新聞報道の認知度と投票選択の関係を確認しておこう。先に述べたとおり両者の間には，「毎日新聞報

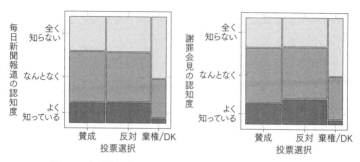

図7-3　毎日新聞報道，謝罪会見の認知度と投票選択の関係

道を見る→反対率増加」という因果関係だけではなく，「賛成に入れがちな人→毎日新聞報道を見る」という因果関係もあると考えられる。その場合，毎日新聞報道の認知度と投票選択の関係を分析しても妥当な結果は得られない。

　図7-3は，投票選択と毎日新聞報道等への認知度の関係を可視化したものだ。左図が投票選択と毎日新聞報道の認知度の関係，右図が投票選択と大阪市財政局長の謝罪会見の認知度の関係を整理したものだ。これらの図を見れば，報道を知っていることが投票選択とどのように関係しているかがわかる。

　図7-3の左図を見ると，毎日新聞報道を「全く知らない」と「棄権／DK」の間に強い関連があることがわかる。同時に，賛否の選択とはほとんど関係がないという結果にもなっている。右図も，わずかに反対に投票した人が謝罪会見について「よく知っている」傾向にあるものの，その差は誤差の範囲内だ。

　この結果は，毎日新聞報道の認知度と投票選択の間には，ほとんど関連がないことを示唆する。しかし，両者の間に関係がないという解釈が妥当かどうかはわからない。内生性のバイアスによって分

析結果の妥当性が低下したために，このような結果になってしまっている可能性もあるからだ。

さらに毎日新聞報道の認知度と謝罪会見の認知度の間には強い相関関係がある。両者の相関関係の強さを確認するために，ケンドールの順位相関係数を分析したところ 0.714 であった。相関係数は完全に一致する場合が 1 あるいは −1 なので 0.714 という数値は高い。さまざまな誤差が変数に含まれる意識調査を用いた相関分析で 0.7 を超える値が示されるということは，実質的には同じ変数と見ることもできる。毎日新聞報道の効果と謝罪会見の効果を区別することが難しいことが，ここからわかる。

では，実験結果を確認することにしよう。重要なのは回答者を分割した場合の実験結果だが，それを示す前に全回答者を対象とする結果を簡単に確認しておく。

図 7-4 は，全回答者を対象とする結果をまとめたものだ。選択肢は「白紙投票／棄権」や「わからない」もあるが，この図には賛成と反対の選択率だけを載せている。本書の関心が賛否の割合の変動にあるからだ。また，ここで見なければならないのは，統制群と表記しているグループの賛否と，処置群と表記しているグループの賛否割合の差だ。各実験群の賛否の割合が重要ではないことに注意してほしい。

何も情報を提示しない統制群の場合，この実験では 4.6 ポイント賛成が反対より多いという結果となっている。そこに毎日新聞報道の内容を示す情報を加えるとどうなるかは処置群 1 の結果を見ればわかる。賛否の差は 14.0 ポイントとなっており，統制群との差は 9.4 ポイントだ（14.0−4.6=9.4）。毎日新聞の報道内容は，全体として見ると賛成率を「押し上げる」効果があることになる。

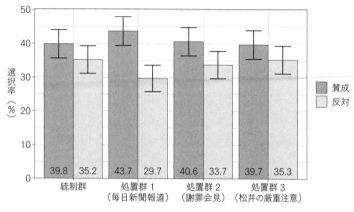

図 7-4　実験処置と投票選択の関係

注：図中のエラーバーは選択率の 95% 信頼区間である。

　ただしこの結果は，毎日新聞報道が賛成率を上げたことを示す結果ではない。このメカニズムについては，次節で説明する。

　続いて謝罪会見の情報の効果を確認する。処置群 2 の結果を見ると賛否の差は 6.9 ポイントであり，統制群との差は 2.3 ポイントだ（6.9−4.6＝2.3）。処置群 1 は 9.4 ポイントの差なので，毎日新聞の情報に謝罪会見が加わると統制群の賛否比率に近づくという結果だ。

　統制群の結果との差が縮まる傾向は，松井の注意を加えた処置群 3 でより顕著である。処置群 3 の賛否の差は 4.4 ポイントであり，統制群との差は−0.2 ポイントである（4.4−4.6＝−0.2）。0.2 ポイントの差は，実質的には差がないとみなしても差し支えない水準の差である。

　図 7-4 の実験結果からは次の 2 点を指摘できる。第 1 に毎日新聞の報道内容だけでは反対票は増えない。少なくとも，謝罪会見や松井に関する情報がない場合の，毎日新聞報道の情報には反対票を増

やす効果があるとはいえない。しかし第2に，全回答者を対象とする結果からはどの処置も，反対票を明確に増やす効果を確認することはできなかった。

　注意しなければならないことは，**意識調査の回答者の多くは毎日新聞報道を「知っている」**ことだ。つまり図7-4は「知らない」状態から「知る」状態へという変化ではなく，どちらかといえば，すでに知っている人に情報を提示したときにどのような変化が生じるかを明らかにするものだといえる。次節では，毎日新聞報道の認知度ごとに実験結果を分析し，「知らない」人が報道などを「知った」ときの効果を明らかにする。

7　報道を「知らない」人を対象とする実験結果

　毎日新聞報道の認知度と実験結果はどのように関係するのか。回答者を毎日新聞報道の認知度ごとに分類した実験結果を分析することで，この点を確かめよう。

　図7-5は，**毎日新聞報道への認知度ごとに**（よく知っている〔N＝357〕，ある程度知っている〔N＝941〕，全く知らない〔N＝797〕）**に回答者を分類したうえで，実験結果を図7-4と同様の形で整理したもの**である。

　回答群ごとに実験結果を確認することにしよう。まずは「よく知っている」人を対象とする実験結果である。図7-5上段の図を見ると，統制群を含むすべて群で賛成が反対を上回っているが，その差は実験群によって異なることがわかる。毎日新聞報道の情報を提示した処置群1では賛否の差が24.4ポイント（58.1−33.7＝24.4），謝罪会見まで含めた処置群2の賛否の差は20.4ポイント（55.1−34.7

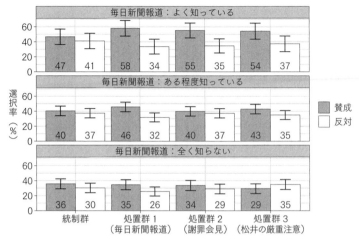

図 7-5　実験処置と投票選択の関係（認知度別）

注：図中のエラーバーは選択率の 95% 信頼区間である。

=20.4），松井の注意まで含めた処置群 3 の賛否の差は 16.9 ポイント（54.2−37.3＝16.9）だ。統制群の差は 5.6 ポイントなので（46.7−41.1＝5.6），処置効果の期待値はそれぞれ 18.8 ポイント，14.8 ポイント，11.3 ポイントとなり，もっとも賛成率を高めているのは毎日新聞報道のみの情報を提示した処置群 1 となっている。毎日新聞報道の情報はこの回答者群において，賛成率を高める効果があるようだ。

　なぜこのような結果になったのだろうか。その理由としては図 7-3 に示すとおり，「よく知っている」と回答している人の中には賛成に入れた人が一定数いるからだと考えられる。つまり賛成に入れた人の中には維新を支持する人が多く，そのような人が新聞報道を見せられたときに拒否感を抱いたり記事内容に反発したりする傾

向が強くなり，その結果，賛成意向が強化されたのである。

このことは，図7-4に示す処置群1の結果の解釈にも関わる。つまり図7-4の結果は，毎日新聞報道が「賛成票を増やす」わけではない。すでに報道内容を知っている人に対して改めて報道内容を提示すると反発心などが高まり，賛成投票意向が固くなることを示唆する結果だということだ。

続いて「ある程度知っている」人の結果を確認する。図7-5の中段の図を見ると，上段に整理した「よく知っている」人を対象とする結果と，異なる結果になっていることがわかる。統制群における賛否の差は3.0ポイントであり（40.4−37.4＝3.0），これは「よく知っている」人を対象とする結果とあまり変わらない。しかし処置群1の賛否の差は14.0ポイント（45.8−31.8＝14.0），処置群2は2.6ポイント（39.9−37.3＝2.6），処置群3は7.9ポイント（42.9−35.0＝7.9）である。賛成選択に与える処置効果の期待値は，それぞれ11.0ポイント，−0.4ポイント，4.9ポイントである。

毎日新聞報道をある程度しか知らない場合，全体として情報提示が賛成を押し上げる効果が小さくなる。特に処置群2はほとんど統制群と変わらない分布となっているところから，その効果がほとんどないことを読み取れる。ただしこれは反対を押し上げることを示すものではない。あくまで効果がほとんど見られないという結果であり，謝罪会見の情報が反対選択を促すものではない。

最後に「全く知らない」人を対象とした実験結果を確認する。図7-5の下段の図を見ると，まず，統制群における賛否の差は5.4ポイントであり（35.8−30.4＝5.4），他の回答群の結果と似たような結果となっている。処置群1の賛否の差は9.1ポイント（34.7−25.6＝9.1）であり，これは3.7ポイントほど賛否の差を広げるという

結果だが，統計的には誤差の範囲内におさまる。処置群 2 の賛否の差は 4.7 ポイント（33.7−29.0＝4.7）であり，−0.7 ポイントの差分の変動をもたらすという結果だが，これも誤差の範囲内の変動である。**しかし処置群 3 は異なる傾向を見せる。**賛否の差が−5.7 ポイントとなっており（29.4−35.1＝−5.7），統制群との差は 11.1 ポイントである。また**この実験群だけ，反対率が賛成率を上回る結果となっている。**

　以上は，**松井に関する情報を提示した処置群 3 のみ，反対選択を促す効果が認められる**ことを示している。それ以外の，毎日新聞報道や謝罪会見については，「全く知らない」と回答した人を対象とした場合も，反対選択を促す効果は認められない。

　もっとも，それぞれの実験群の回答者数は 200 人程度なので，この実験結果は体系的および非体系的な誤差を含んでいる可能性がある。そこでこの点を検証するために，多項プロビット推定という方法を用いて，「全く知らない」人における実験処置が反対選択に与える影響を分析した。その結果を整理したものが図 7-6 である。

　ここで用いている多項プロビット推定は「反対選択を促す確率はどのくらいか」まで含めて分析結果を解釈できる。処置群 1 と 2 が反対選択に与える影響を見ると，事後分布が 0 の破線の軸近くを中心に，左右へと広がっていることから，反対選択を促す確率は低いことがわかる。実際に反対選択を促す確率を見ると，処置群 1 は 29.3%，処置群 2 は 49.5% と，どちらも 50% を下回る。

　その一方で処置群 3 の推定結果を見ると，95% 信用区間の下限値こそ 0 値に重なっているものの，事後分布の形状は大きく右側に偏っている。反対選択を促す確率も低くない（90% 以上）。**処置群 3 に関しては，反対選択を促すと判断してよいといえる結果である。**

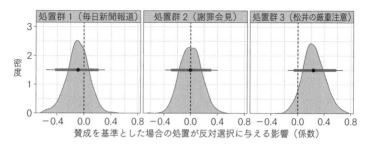

図 7-6 処置が反対選択に与える影響の分析結果

注：分析手法はベイズ推定を利用した多項プロビット推定。図中の丸印は係数値の
　事後分布の中央値，太い線は 95% 信用区間，細い棒は 99% 信用区間である。従
　属変数の基準カテゴリは賛成であり，独立変数の基準カテゴリは統制群である。
　「棄権」や「DK」に対する影響は省略した。

　　実験群のサイズが小さいために，群間の共変量バランスが棄損さ
れている可能性がある。この点を考慮し，補足的に性別，実年齢，
学歴，「強い支持」から「強い不支持」までの維新支持態度の影響
を統制したうえで，処置が反対選択に与える影響を多項プロビット
推定によって分析した。詳細は割愛するが，図 7-6 と同様に，処置
群 3 が反対選択に対して影響を与える可能性が高いという推定結果
が得られた。松井の注意を表示する処置が，賛成を基準としたとき
に反対選択を促す確率が高いという分析結果は，他の要因の影響を
考慮しても変わらない。図 7-6 に示す結果は頑健といえる。

8 ま と め

　　図 7-4 から 7-6 にもとづく本書の主張は，あくまでサーベイ実験
を用いた推論だ。それが現実の動きを説明するものといえるかは，
厳密にいえばわからない。しかし，本書で積み重ねてきた理論的検

討と実証分析は，本章の実験結果の妥当性を補強する。処置群 3 の賛否比率が逆転したのは偶然ではない。序盤から終盤まで，都構想実現の鍵を握り続けていたのは松井だったことを，第 II 部の分析結果は明らかにしているのだ。

　維新は政党を機能させることで，大阪府と市の一体的運営を可能にした。しかしそうであるがゆえに，住民投票の最終局面に至っても松井は特別区を設置することのメリットについて十分に説明できない状態に陥った。「バーチャル都構想」のもとでは，大阪市を廃止するに足るメリットを説得的に伝えることができないので，デメリットを潰す戦略を採用するしかなくなる。松井の毎日新聞などに対する批判は，メリットを説明できないことと表裏の関係にあった。

　最終週における松井の一連の行動は，大阪市民の都構想に対する不信を煽るものであった。デメリットを報じたメディアを執拗に批判し続ける一方で，メリットについて十分な説明を行わない維新あるいは松井に対して，判断に迷っていた維新支持者の一部がメリットが見えないと判断し，賛成ではなく反対に投票することを決断した。その結果，住民投票の結果は反対多数となったのだ。

　序盤から中盤にかけての賛成率の低下と最終週における逆転劇は，いずれも松井が，大阪市を廃止し特別区を設置することのメリットを十分に説明できないがゆえに生じた。その意味で両者は地続きの関係にある。2011 年の維新結党から始まった都構想実現への道程に終幕を下ろしたのは，皮肉な話ではあるが，維新の中心にいた松井だったということだ。

　この 10 年間の維新政治は，大阪の政治・行政が多くの課題を抱えていることを浮き彫りにするものだった。第 III 部では住民投票後の大阪に残された課題について議論する。

Column④　世論調査は信用できない？

　1980年代まで，マスメディアの世論調査は，選挙人名簿や住民基本台帳から対象者を無作為に抽出し，対象者として選択された人に対して，①調査票を送付し返送してもらう郵送調査か，②調査員が直接対面で実施する面接調査か，③調査員が自宅に調査票を配布し，後日回収する留置調査の，いずれかであった。しかし1990年代以降，Random Digit Dialing，通称RDDと呼ばれる電話を利用した調査が主流となった。現在，多くのマスメディアで採用されているのはRDDである。

　ちなみにRDDへの移行の主な理由は調査経費の節減や調査時間の短縮だが，中選挙区制から小選挙区比例代表並立制へと衆議院の選挙制度が変わったことも，少なからぬ影響を与えたようだ（加藤元宣「変わりゆく選挙世論調査──小選挙区制の導入と調査方法の変遷」『選挙研究』20号，2005年）。

　このRDDは，いまや世論調査方法論の主流となっている一方で，俗にいう「世論調査不信」の原因の1つにもなっている。もちろん疑念の中には，1000人程度の標本規模で世論を知ることなどできないなどという誤った意見もある。母集団から対象者を無作為に抽出した場合，たとえば内閣支持率でいうと，1000人程度に調査するだけで±3%くらいの精度で推定できる。世論調査は数万人規模でないといけないわけではない。

　RDDは固定電話を対象にしているので，昼間，家にいる人に偏りがちという批判もよくある誤解の1つだ。たとえば朝日新聞社の調査方法は，①一般世帯に電話がつながったら世帯人数を尋ねる，②世帯の人数を尋ねたらその中でランダムに1人を抽出する，③その人が不在の場合は対象者を変えず，時間を変えて複数回電話するという手順を踏む。日経リサーチも同様の手順を踏み，対象者を選定している。

　しかし，カヴァレッジ・エラーに関する疑問点については考えなければならないように思う。カヴァレッジ・エラーとは，本来対象者に含めるべき人たちをさまざまな理由で含めることができていないことによって生じる推定ミスである。たとえば地域を限定するRDDは，固定電話をもっている人しか対象に含めることができない。この場合，固定電話をもたず携帯電話だけという人は，必然的に調査対象者から除外される。仮に固定電話をもっているか携帯電話だけかという違いが，調査の結果と強く相関する場合，調査結果にはバイアスが生じることになる。

　カヴァレッジ・エラーに対処するために，全国規模のRDDでは近年，携帯電話と固定電話をミックスさせる方法論の検討が進められており，分析や知見も蓄積されている。ただ，そもそも論をいえば固定電話層と携帯電話層の間には大きな差があるとはいえない（平田明裕「固定電話と携帯電話による電話世論調査の検証──『社会と生活に関する意識・価値観』調査の結果から」『放送研究と調査』69巻11号，2019年）。電話に出やすい人と避けがちな人がいて，電話に出ない人がRDDでは除外されているという懸念もあるが，この点に関しても回答差はないことが明らかにされている（福田昌史「電話に"出ない人"は調査を偏らせるか」『政策と調査』9号，2015年）。

　一般にRDDの問題点はカヴァレッジ・エラーの点から指摘されるが，じつは，それ以外の問題のほうが深刻かもしれない。1つは順序効果である。一般にRDDのような口頭での調査は，提示順序の遅い選択肢が選択されやすい。直近効果と呼ばれるバイアスが結果に発生するのだ。政党支持に関する質問だと，最後のほうに支持なし（無党派）が出てくるので，支持政党なしの回答率が高めに推定されている可能性はある。

　また，RDDはオペレーターに口頭で回答を伝えるため，言いにくい回答だと本音を隠されるという問題もある。これは一般に社会期待迎合バイアスと呼ばれる。本音としては違っても，社会的に望

ましくないとされる回答を避けてしまうことで，推定結果が歪んでしまうのである。ただし RDD でこのバイアスがどのくらい発生するかは十分に解明されていない。今後の研究課題といえるだろう。

近年，メディアの一部で採用されているのがオペレーターではなく，機械音声を用いた RDD である。本書で引用している JX 通信社の RDD も，機械音声を用いているようだ。この方法は調査を完全に自動化できることに加えて，オペレーターの雇用費も削減できるという利点をもつ。先ほど述べた社会期待迎合バイアスも，人を介さないこの方法だと生じにくいだろう。

他方で機械音声ゆえの難しさもある。たとえば機械音声は生の声とは違うので，何を言っているか聞き取りづらい可能性がある。機械音声の場合，聞き直そうとしても聞こえづらい音声が再び流れるだけなので，回答する気力が失せてしまうかもしれない。音のピッチを細かく調整し，どれがもっとも聞き取りやすいかを検証するなど，通常の RDD とは異なる工夫を講じる必要がある。

いずれにせよ，唯一無二の正しい世論調査というものは，もはや存在しない。それぞれの調査やデータの得手，不得手を見極めながら，分析結果を眺め，実態について推論していかねばならない時代になっている。

住民投票の結果を受け，記者会見する吉村洋文大阪府知事（左）と
松井一郎大阪市長＝2020年11月1日夜，大阪市北区（写真：時事）

第**8**章

大阪における分断？

住民投票の結果が僅差だったこともあったためか，住民投票後，メディアなどで「大阪が維新政治によって分断された」という主張が散見された。この主張が具体的に何を問題視しているのかは不明瞭だが，住民投票が，これまで以上に市民間の隔たりを広げてしまったという趣旨ならば，その実態を実証的に明らかにする必要があるだろう。本章では分極化という視点から大阪市民の政治意識を分析し，住民投票後の大阪における分断の実態を明らかにする。

1 住民投票後の熱心な維新支持者の増加

本章の議論を進める前に，住民投票を通じて生じていた，ある変化を紹介することにしよう。じつは，住民投票後に，ある奇妙な態度変容が生じていた。一言でいえば，**維新を強く支持する人が増加する現象が生じていたのである**。

筆者は2011年頃から，図1-2に示す維新支持態度について，その実態を明らかにすべく，調査を実施し続けてきた。そのなかで明らかになったのが，第1章で述べた維新支持態度の緩さだった。維新支持態度は変わりやすく，強度も弱い。2017年までに実施したどの意識調査の結果を見ても，強い支持者の割合は，3%から5%の間にとどまっていた。

しかし 2020 調査（後）における維新支持態度の分布は，これまでの調査結果と異なっていた。強い維新支持者の割合が 10% 近い値を示しており，明らかに住民投票前より増加していたのである。

もちろん，増えたとしてもその変動幅はわずか 4 ポイント程度だ。少し増えただけなので，大きく取り上げる必要はないかもしれない。しかし全体の傾向としては住民投票後に不支持者が増えているにもかかわらず，そのトレンドとは異なる強い支持者の増加は，不自然な現象といえるだろう。

実際にどのような態度変容が生じていたのかを，2020 調査（前）と 2020 調査（後）を比較しながら具体的に確認しよう。図 8-1 は住民投票以前と以後の，維新支持態度の変化をまとめたものだ。上段の棒グラフは，両調査における維新支持態度の分布であり，下段の図は誰が態度を変えたのかを整理した図である。

2020 調査はパネル調査なので，同じ質問をしていれば，同一人物の中でどのような態度変容があったのかを分析できる。図 8-1 下図は，そのような個人内の態度変容も含めて，維新支持態度の変化を可視化した図となっている。

維新支持態度の変容の詳細について説明すると，まず，住民投票前後で態度を「変えていない」人の割合は，全体の 66% である。逆にいうと残りの 34% は，住民投票の告示日以前から住民投票後までの間に態度を変えたということだ。

態度を変えた人のうちの 58%（全体の 20%）は，支持から不支持，あるいは不支持から支持へと態度を変えた人だ。ただし不支持から支持パターンは少なく，ほとんどが支持から不支持への変化である。特に弱い支持から弱い不支持へと変えた人が多い。態度を変えた人の多くの維新支持強度が弱いという結果は，第 1 章の分析結果とも

維新支持態度の分布

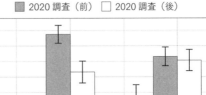

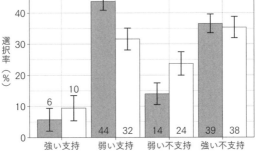

住民投票前と後の維新支持態度の変化

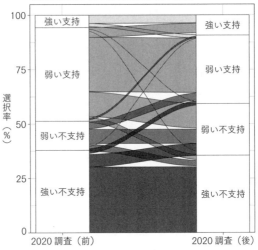

図 8-1　住民投票以前・以後の維新支持態度の変化

注：上図中のエラーバーは選択率の 95% 信頼区間である。

符合する。

　態度を変えた人のうちの 42%（全体の 14%）は支持内，あるいは不支持内での変化である。ただし，強い不支持から弱い不支持へというパターンは多いが，強い支持から弱い支持へという変化はほとんど見られない。

　全体として維新が支持されるなかで，強い支持者の割合が増加したならば，それは不思議なことではない。しかし全体で見ると維新を支持する人は減少している。そのなかで強い支持態度をもつ人が増えているわけだ。

　このように見ると図 8-1 は，**2 度にわたる都構想否決という住民投票の結果が，一部の維新支持者の態度をより強固なものにした可能性を示唆する**。つまり，大阪市民の中で維新支持態度の分極化が進展したことを示すものだと解釈できるのである。

　以上の変化が起きていたことを前提に，次節では分極化とその帰結について説明する。

2　分極化が引き起こす問題とは

　メディアなどでは大阪の現状や問題点を指摘する際に，しばしば分断というキーワードが用いられる（「『大阪都構想』とは何だったのか市民の分断招いた住民投票」『毎日新聞』2020 年 11 月 30 日付など）。都構想のような賛否が二分されてしまう争点を設定し，有権者に直接選択させると市民同士を戦わせてしまう。そのような政治のあり方は問題ではないか，ということである。

　賛否が二分される争点の是非を有権者に問うべきかは難しい問題であり，識者の中でも見解は分かれている。しかし，賛否が拮抗し

た住民投票の事例は数多く存在する（今井一「国民投票と住民投票〜直接民主制の威力と魅力（上）『賛否拮抗案件は投票になじまない』は本当か？」『論座』2020年12月30日）。賛否が拮抗する争点の是非を直接投票で問うべきではないという主張は，この事実に鑑みれば説得的ではない。

　議会の意思決定と世論が一致するとは限らない点も重要である。都構想あるいは特別区の設置についていえば，政治的には決着した話だった。大阪市会も府議会も，賛成多数で協定書案を可決した。第4章で述べたように，2015年とは異なり2020年の住民投票では，公明党も都構想に賛成していた。しかし2度にわたり大阪市民は，「政治」の決定に異を唱え，都構想に反対した。**世論と乖離した決定が住民投票によって回避されたわけだ。**

　都構想に賛成する人もいれば反対する人もいるように，ある政策に対して異なる考えをもつ人がいることは当たり前の話だ。たとえ同じ生活をともにする夫婦であっても，意見が分かれることは日常的にある。意見の相違が可視化されるからといって，それを分断として問題視すると，かえって実態が見えなくなる。

　そのため本書では，**分断ではなく分極化（polarization）という現象に注目する。**分極化は，意見や価値観の相違を単純に意味する概念ではない。ある意見をもつ人が，より極端な意見をもつ方向へと変化することを意味する概念である。異なる極に離れていくので，分極化は，妥協や協調を困難にさせる原因となる。

　分極化には，大きく分けるとイデオロギー的分極化と感情的分極化の2つがある。イデオロギー的分極化とは，保守的な考えをもつ人がより保守的になるというような変化をいう。たとえば日本人の「右傾化」といった議論は（小熊英二・樋口直人編『日本は「右傾化」した

のか』慶應義塾大学出版会，2020 年），イデオロギー的分極化を念頭にお
くものだといえる。

　これに対して感情的分極化は，自身が支持する集団や団体への肯
定的評価や感情が上昇すると同時に，支持しない集団や団体への否
定的評価や感情が上昇するような状態をいう。たとえば維新を支持
する人が「維新も自民も好きだけど相対的には維新かな」というよ
うな状態から「維新は大好きだけど，自民その他は大嫌いだ」とい
う状態へと変化した場合，感情的分極化が進んだことになる。

　感情的分極化は，支持する集団と支持しない集団に対する感情の
差異が拡大していく現象を意味する。そのためイデオロギー的分極
化以上に，異なる考えをもつ人同士の協調や妥協が難しくなるとさ
れている。感情的分極化の進展が，社会的・政治的問題を引き起こ
す火種となることは，多くの研究からも明らかにされている（S.
Iyengar et al., "The Origins and Consequences of Affective Polarization in the
United States," *Annual Review of Political Science,* Vol. 22, 2019）。

　2020 年のアメリカ大統領選でしばしば見られた共和党支持者と
民主党支持者の対立は，感情的分極化の進展によって引き起こされ
た問題の１つである。自身が所属する党派の意見に同調する傾向が
強まるだけではなく，異なる党派をもつ人への敵対心が強まる。そ
の結果，異なる考えをもつ他者を罵倒したり，あり得ないと論難し
たりする。そういった人たちは似通った考えの人たちとコミュニケ
ーションをとりがちになるので，自身の意見がさらに極端な方向に
変化しやすくもなる。

　感情的分極化は，政府の政策に対する受容度にも影響を与える。
たとえば新型コロナウイルスをどの程度脅威とみなすかは党派性に
よって異なるとされるが（James N. Druckman et al., "Affective Polarization,

Local Contexts and Public Opinion in America," *Nature Human Behaviour,* Vol. 5, 2021），その背景には，自身の党派とは別の政党が進める政策を受容したくないという心理があると説明されている。

このように**社会的な問題を引き起こすのは，分断というよりは分極化だと考えられる**。図 8-1 からは，感情的分極化が住民投票を機に進展してしまった可能性が示唆されるので，その意味でも分極化の実態を明らかにする必要があるだろう。

次節では大阪における感情的分極化の実態とその推移を，2019 調査と 2020 調査を用いた分析から明らかにする。

3 大阪市における分極化の水準と推移

大阪市民の中で感情的分極化はどのくらい進展したのか。この点を確かめるために，大阪維新の会への感情温度と大阪の自民党に対する感情温度の差を推定し，その変化を分析した。**維新と自民の感情温度の差が大きくなれば感情的分極化が進展していることになる**。なおこの感情温度の差の平均値を「分極化指数」としている。

図 8-2 は 2019 調査と 2020 調査（後）の感情温度平均値と分極化指数を整理したものだ。分析の際のポイントとなるのは一番右側の図の結果だが，大阪の自民党と大阪維新の感情温度平均値の変化も可視化している。どの政党の感情温度の変化が分極化指数の変化をもたらしているのかを明らかにするためである。

分極化指数を確認すると，2019 調査は 28 であるのに対して，2020 調査（後）の結果は 36 であり，約 8 ポイント増加していることがわかる。大阪の自民党の感情温度平均値は，2019 調査と 2020 調査（後）でほとんど変化していない。他方の大阪維新の感情温度

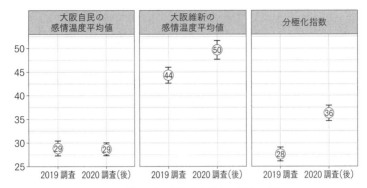

図 8-2　感情温度の平均値と分極化指数の比較

注：図中のエラーバーは感情温度平均値／分極化指数の 95% 信頼区間である。
　　感情温度は欠損値が多いため多重補完法により欠損値を補完したうえで，感情
　　温度平均値などを推定した。多重補完の際のデータセット数は 30 である。多
　　重補完の際に含めた変数はデータセットに含まれる変数すべてのため省略する。

平均値を見ると大きく変化しており，2019 調査では 44 度だが 2020
調査（後）は 50 度になっている。**分極化指数の増加は大阪自民に
対する感情が変化したからではなく，大阪維新に対する感情の変化
によって引き起こされていることがわかる。**

　維新支持者と不支持者を分けて大阪維新の会の感情温度平均値の
変化を分析すると，この傾向ははっきりとする。図 8-3 は，図 1-4
に整理した維新支持態度の質問で，維新を強く，あるいは弱く支持
すると回答した人とそれ以外の回答をした人に分類したうえで，大
阪維新の感情温度平均値を分析したものである。左図は維新支持者，
右図は維新不支持者を対象とした結果である。

　維新を支持しないと回答した人の感情温度平均値の変化から確認
する。2 つの調査結果いずれにおいても，大阪維新の感情温度平均
値は 31 度前後である。これに対して維新を支持すると回答した人

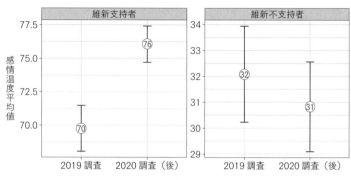

図 8-3　維新支持態度別の大阪維新感情温度平均値

注：図中のエラーバーは感情温度平均値の 95% 信頼区間である。感情温度は欠
　損値が多いため多重補完法により欠損値を補完したうえで，感情温度平均値な
　どを推定した。多重補完の際のデータセット数は 30 である。多重補完の際に
　含めた変数はデータセットに含まれる変数すべてのため省略する。

の場合，住民投票後に実施した 2020 調査（後）の感情温度平均値
が約 6 度，有意に高くなっている。**維新支持者の維新支持態度が強
化された結果，住民投票後に分極化指数が増加したことを示す結果
であり，図 8-1 と整合的である。**

　図 8-2 に示した 36 という分極化指数の値は高いのか。結論から
いうと，危機的とはいえないものの，相対的には高い水準の分極化
と見てよい。たとえば 2016 年時点のアメリカでは，本書でいうと
ころの分極化指数に近似する指標の値は 41 となっている。この値
と比較すると低いが，アメリカが高度に分極化していると指摘され
ている点を踏まえるならば，大阪の分極化指数は低くはない。ただ
し極端に高い水準にあるわけでもなく，過度に問題視することには
慎重になるべきだろう。

4　異なる他者への感情を測定する

　感情的分極化は，しばしば異なる他者との妥協や協調を困難にさせるといわれる。「なんであんな奴らのいうことを信じないといけないのだ」「あんな間違った考えをもつ人は洗脳されているに違いない」。**感情的分極化は，このような自分とは考えの異なる個人や集団に対する憎悪のような感情を増幅させてしまう。**

　前節で明らかにしたように，大阪では維新支持態度の強化に伴う感情的分極化が進行した可能性がある。では，現状において大阪は，すでにそのような社会へと変化してしまっているのか。まずはこの点をデータから確認することにしよう。

　筆者は 2020 調査（後）で，自分とは考えが違う人にどのような認識を抱いているのかを尋ねた。以下ではこれを「異なる他者への感情」と呼ぶ。具体的には次の意見項目に対する同意／非同意を 5 件法で尋ねた（そう思う～そう思わない）。

　以下に大阪の政治に関する意見などが述べられています。それぞれについて，どの程度同意できるとお考えでしょうか。

- 大阪市民は政治家や政党に騙されている（C1）
- 大阪市民は地方政治について何も理解していない（C2）
- 大阪市民は不適切な政治家でも支持したり投票したりする（C3）
- 自分とは考えが違う人と分かり合える自信はない（C4）

　分析の前に言い訳をしておくと，この「異なる他者への感情」を測定するための意見項目は，知りたいことを知るための項目として

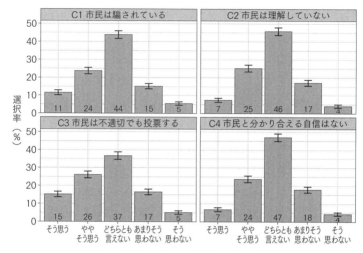

図 8-4 異なる他者への感情の分布

注：図中のエラーバーは選択率の 95% 信頼区間である。

は十分でない可能性がある。何が問題かというと，C1 から C3 は
「異なる他者への感情」を直接尋ねる意見になっているとは言い難
いのだ。C1 から C3 は，本来なら「自分とは異なる考えをもつ大
阪市民は……」とすべきところを，「大阪市民は」にしてしまって
いる。これだと「異なる他者への感情」を尋ねたものとはいえない
かもしれない。

　この問題があることを前提に，しかし，**他者と分かり合えないと
いう認識を尋ねた C4 と，C1 から C3 の相関関係を分析したとこ
ろ，0.3 程度だが有意に正の方向で相関する結果が得られた。**「異
なる他者への感情」の代替的な指標として，C1 から C3 までを用
いることに深刻な問題があるわけではない。

　では C1 から C4 までの，それぞれの分布を確認しよう。図 8-4

は4つの意見への回答分布を整理したものだ。「そう思う」「ややそう思う」の合計と「あまりそう思わない」「そう思わない」の合計を比較したとき，すべて「そう思う」が上回っている。全体として見ると，回答分布は異なる他者に対して肯定的ではなく，否定的に評価する方向に傾いていることを示す結果だといえる。

　その一方で，どの意見に対しても中間的な回答が多く，また「あまりそう思わない」や「そう思わない」を選んでいる人が2割程度存在する。回答分布の形状は上述したとおり否定的な方向へ偏っているが，半数以上の人が異なる他者に否定的な感情を抱いていないことを示す結果でもある。

　異なる他者に否定的な感情をもつ方向へと偏っていることは事実だが，全体としては穏健な人が多い。図8-4はそのように解釈すべきだろう。

　では，誰が否定的な認識を抱きがちなのか。次節では維新支持態度と異なる他者への感情の関係を分析する。

5　誰が異なる他者に否定的か

　維新をどのくらい支持するかと，異なる他者への感情の間には明確な関連性がある。この点を可視化するために，維新支持態度ごとに異なる他者への感情の平均値を計算した。図8-5はその結果を整理したものだ。解釈を容易にするために，異なる他者への感情について中間を0とし，最小値を−2（そう思う），最大値を2（そう思わない）としている。

　図8-5を見ると，維新支持態度との相関関係は項目ごとに変化するが，強い支持者における平均値がすべて負の方向に偏っている点

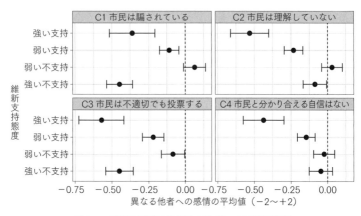

図 8-5　維新支持態度と異なる他者への感情の関係

注：図中のエラーバーは異なる他者への感情の平均値の 95% 信頼区間である。
「どちらでもない」という中間点をわかりやすくするために，0 に破線を引い
ている。

は共通していることがわかる。C1 との関係については，支持か不
支持かという方向性よりも，強い態度か弱い態度かが平均値の違い
と関連する。**支持や不支持度が強いほど，市民は騙されていると感
じるようである。**C3 との関係も同様に，支持か不支持かよりは態
度の強度が重要である。**態度の強度が強いほど，不適切な政治家な
どでも投票すると考える傾向にある。**

　C1 や C3 と異なり，C2 や C4 は維新を強く支持する人だけが，
特に否定的な感情を抱きやすいという結果である。C2 については，
**維新を強く支持する人ほど大阪市民は地方政治を理解していないと
考える傾向を強める。**C4 についても，**維新を強く支持する人ほど，
市民と分かり合える自信がないと感じるようだ。**

　なお，C2 と C4 に関しては，弱く維新を支持する人にも同様の
傾向があるようだ。これらについては，支持強度よりは支持か不支

持かという方向性が重要ということであろう。ただし弱く支持する人は強い否定的な感情を抱いていない。強く支持する人が，特に異なる他者に対して否定的感情を抱く傾向にある。

　まとめれば図 8-5 は，**支持であれ不支持であれ，その強度が強い人ほど異なる他者に否定的な感情を抱くことを明らかにするものである**。意見項目によって差が出るが，おおよその傾向として支持方向というよりは支持強度と異なる他者への感情は相関する。維新を強く支持する人も，拒否する人も，互いに異なる考えを「理解できない」と考えている。それが図 8-4 に示す分布の偏りを引き起こす原因となっている。

　もっとも図 8-1 で示すように，大阪市民の中で維新を強く支持する人は，多くても全体の 1 割程度である。維新を強く拒否する人たちとは異なり，緩い支持あるいは不支持態度をもつ人で，異なる他者に強い否定的な感情を抱く人は多くない。図 8-4 の回答分布が強く否定的な方向へと偏らない理由は，多くの大阪市民が維新に対して緩い態度しかもたないからだと考えられる。

6　感情的分極化の進展は異なる他者への感情を悪化させたか

　最後に，図 8-2 などに示す感情的分極化の進展が，異なる他者への感情をどのくらい悪化させたのかを分析する。図 8-6 は大阪維新と大阪自民の感情温度の差を「原因」としたうえで，図 8-4 に示した 4 つの意見への回答を「結果」とした場合の効果を，重回帰分析で分析した結果だ。この感情温度の差の効果は，性別，年齢，学歴，居住年数，政治関心，大阪における支持政党の影響を除去した推定値となっている。異なる他者への感情は厳密には順序尺度だが，多

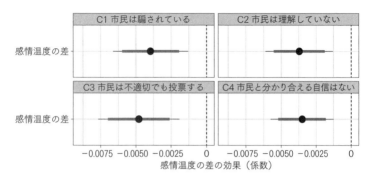

図 8-6 感情温度の差が異なる他者への感情に与える影響

注：重回帰分析の結果を整理したもの。いずれも多重補完法により欠損値を補完
している。図中の丸印は回帰係数の点推定値であり，グレーの太線は推定値の
95% 信頼区間，黒色の細い線が 99% 信頼区間である。統制変数は大阪におけ
る政党支持，性別，年齢，学歴，居住年数，政治関心である。なお統計的に有
意かどうかを判断する 0 に破線を引いている。

重補完法との兼ね合いや結果変数の多さとそれに伴う可視化や解釈
の都合といった諸点を勘案し，便宜的に 1 点，2 点という量的な変
数とみなして分析している。

　図 8-6 中に示す数値は，大阪維新と自民への感情の差が 1 度増え
るごとに，異なる他者への感情を意味するそれぞれの回答の値が，
どのくらい変化するのかを示すものである。感情温度の差の最小値
は 0，最大値は 100 である。したがって，たとえば C1 に対する効
果でいうと，その他の要因の値を固定したうえで感情温度の差を 0
から 100 へと変化させたときに 0.35 ポイントほど，異なる他者へ
の感情が低下するということになる。

　C1 から C4 までのすべての回答に対して，感情温度の差の 99%
信頼区間は 0 の値に重なっていない。つまり図 8-6 は，感情温度の
差が異なる他者への感情に有意な負の影響を与えることを示すもの

だと解釈できる。

　しかし，感情温度の差が実質的な影響を与えているかというと，そうとはいえない結果でもあるようにも思われる。なぜなら異なる他者への感情を測定する質問は，いずれも最小値が1，最大値が5だからである。**0.3や0.5といった値の変化は，結果となる変数が1から5までの幅にあることを勘案すれば，大きな変動とはいえない。**

　さらに図8-2の結果にしたがえば，ここ数年の間に拡大した感情温度の差（分極化指数の変動）は，平均すると8である。つまり感情的分極化が進展しているとしても，その変化により生じる帰結は0.03から0.05ポイント程度の変動に過ぎないということだ。

　たしかに図8-6は，感情温度の差が統計的に有意な影響を与えることを示す。しかし**大阪における感情的分極化の進展が，異なる他者への感情を劇的に悪化させてしまったことを示すものではない。**

　もちろん，感情的分極化の進展がわずかであるとはいえ，異なる考えをもつ人に対する否定的な感情を強化することは確かだ。感情的分極化が多くの問題を引き起こす「種」であることは間違いない。**しかし本章の分析結果は住民投票によって分断が進んだと言い切れるほど，大阪の社会が危機的状況に陥っているとはいえないことを示す。**危機を煽る前に，より適切な実態把握が求められる。

7 ま と め

　本章では住民投票後に残された課題としてしばしばメディアなどで指摘された分断について，感情的分極化の視点からその実態を実証的に明らかにした。

　図 8-1 や図 8-2 に示す分極化指数の推移は，2 度目の住民投票後に，大阪における感情的な分極化が進展したことを明らかにしている。分極化は，市民間の妥結を困難にさせたり，互いにわかり合えないような社会を作り出したりする原因となる。ほんのわずかではあるが，その方向に進んでしまったことは確かだ。しかしそのわずかな変動を過大に評価することは慎むべきだろう。

　大阪における感情的分極化は，維新を支持する人の態度がより強化されたことにより生じていた。これは一時的な現象なのか，それとも中長期にわたる現象なのか。この点は現時点ではわからない。仮に一時的な現象に過ぎないのであれば，その意味でも住民投票によって感情的分極化が進展したとはいえないことになるだろう。

　本書はメディアなどで指摘されていた分断については懐疑的な結果を示すが，それは大阪市政に何ら課題がないことを意味しない。次章では「応答責任（アカウンタビリティ）の機能不全」という問題について議論する。

Column ⑤　維新を支持する人に聞いてみた⑴

　筆者はこれまで維新を支持する有権者について研究してきたが，じつは，維新を支持する一般の人から話を直接聞いたことはなかった。維新を支持する人は，どのような経緯で，なぜ維新を支持しているのか。維新に批判的な人の意見などをまとめた資料はあるが，維新に積極的に関わる支持者に聞き取り調査をしている資料は見当たらない。そこである 2 名にコンタクトをとり，維新をなぜ支持するのか，維新のコロナ対策をどう評価するかなど，いくつか話を聞いた。調査は 2021 年 4 月 17 日にオンライン上で実施した。維新の支持者の実態を知る 1 つの材料にしてほしい。

――まずは，維新を支持するに至った経緯を教えてください。

Aさん：もともと，一般の方よりは地方自治に関心あったほうだと思いますが，大阪という地域の枠で関心をもち始めたのは，太田府知事の時代です。橋下府政スタート時は，財政に関していきなり府債の発行をゼロにしたいなどとあり得ないことを言っていたので，大丈夫かと思っていました。しかし2カ月ぐらいたってから，遅れていた情報公開が劇的に改善する方向に動き出し，これは期待がもてるかも，と。さらに都構想というのがぶち上げられて，なお関心が強くなりました。中学生のときに先生から「昔，大阪府と市を一緒にするプランがあったんや」と聞いた記憶があって，それが出てきたときに，前のめりに興味をもつようになりました。そこから濃淡はありますが，一貫して支持です。関空の問題など国と地方の関係，そして地方の中の府と市の関係，この両方に切り込んだ。

Bさん：私の場合，地方自治の細かい内容には全然興味なかったです。橋下さんが府知事になったときも，正直，関心なかったです。きっかけは1回目の住民投票の実施が決まった2014年末のあたり。そのときに，反対派が橋下府知事・市長のことをいろいろ言っているのを見るようになり，本当にこれ正しいのかと自分で調べたことから始まって，大阪の政治に関心をもつようになりました。ただ，維新よりは都構想とか大都市法という仕組みに興味がありました。維新を意識し始めたのは，大阪会議の顛末で自民が頼りにならないと思いだして。その後，2015年末のダブル選で維新が勝って，そのあたりから維新を支持したほうがいいと思いました。

――おふたりはどのような活動をなさってきたのでしょうか。

Aさん：住民投票が終わったあとのダブル選挙の前の9月ぐらいから，維新の議員さんが作るビラとか，そういう制作のお手伝いなどをボランティアでやったりしました。それ以前の選挙はノータッチですし，住民投票前はそもそも，議員さんに会いに行ったことも

なければ，報告会に行ったこともなかったです。住民投票が大きな
きっかけです。

Bさん：私の場合，実際に現場に出て活動を始めたのは，2018年
くらいになります。ビラを配るという活動に参加し始めたのが
2018年ぐらい。翌年，2019年に統一地方選があったので，その
ときに初めて選挙のお手伝いをしました。それ以降も堺市長選など
でお手伝いしています。それまではずっとネット上でやりとりする
だけで，実際の現場での活動はなかったです。

――維新以外の政党に対する評価を教えてください。

Aさん：維新の支持者の方の中には，自民党とか共産党への反発
も見られますが，私はそこまでない。自民であれ共産であれ，大阪
に必要だと思いますし，役に立っているか立っていないかでいえば
立っている。維新が1つの見方を示したときに，別の見方を提示
してくれるのもある。維新がよく掲げる身を切るというか，議員報
酬を下げるとか。このような議論に自民，公明，民主系の人らが同
調しない態度を示すことで，なんで批判的に見なければいけないの
かというのを知れる。

Bさん：組織よりも個人で活動をしているというイメージです。
だから首長選とかでも，維新以外で集まったりできるのだろうなと。
また，議会での議論について，ためにする反対しかしていない印象
です。公明党については前向きな議論をしている気はします。それ
以外は反対のための反対みたいなことしか言っていない。あと，大
阪会議について，会議の運用がずさん過ぎた。大阪会議は自民党会
派が主導して出したもので，もうちょっとまともな活動をするのか
と思っていたのですが，期待外れでした。

――維新が支持される理由について，どのようにお考えでしょうか。

Aさん：ふわっとしている人に関しては，大阪の利益という部分

が大きいのではないかと。大阪維新だけを支持するっていう人が結構いる。コアな，選挙とかボランティアに参加されている方と話すと，反エスタブリッシュメントは感じますね。昔は行政・政治に対してものすごく不信感があったとか，古いタイプの既成政党みたいなものに反感をもっている方も多い印象です。

Bさん：維新を支持している人というのは結果重視で，実績を出すために，プロセスで多少波風が立ったとしても，そこについてはあまり問題視しないという人が多いように思います。私自身は，橋下さんへの個人的な思い入れは弱いほうですが，コアな人については，橋下徹さんという存在の重みかな。橋下徹というパーソナリティーに強いシンパシーを感じている人ほどコアな人なのではないかと。

第**9**章

選択肢の不在

> 　住民投票以後，あるいはそれ以前から，大阪の政治には大阪維新に代わる選択肢の不在という問題が生じていた。維新とは異なる大阪府市の協調をめざす政党の不在は，政治の応答責任（アカウンタビリティ）が機能していないことを示す。第9章ではこの問題を明らかにするために，大阪維新の重要な「対抗馬」である大阪の自民党に焦点をあてる。住民投票という反維新陣営が1つの核としてまとまる機会があったなかで，自民党は，維新に代わる選択肢として大阪市民に認識されたのか。本章ではこの点を明らかにする。

1　広域一元化条例をめぐる論争

　2021年3月26日。大阪市会で大阪市の都市計画権限の一部を大阪府に委託する条例案が可決された。その2日前の3月24日には，同条例案が大阪府議会で可決されていた。これによって，大阪市の広域行政に係る事務事業の一部を大阪府に委託する条例案の施行が確定したことになる。施行日は2021年4月1日である。

　この条例案は，一般に「広域一元化条例」と呼ばれているものだ。もっとも，厳密には大阪市の都市計画権限を大阪府に一元化することを定める条例ではないので，一元化という呼称は適切さに欠ける。しかし別の呼称を用いるとかえって混乱するので，本書でも便宜的

に広域一元化条例と呼ぶことにする。

　広域一元化条例の制定をめぐっては，住民投票のときと同じく都構想を推進していた維新や公明党と，反対してきた自民党や共産党の間で激しい論戦が繰り広げられた。地方分権の流れに逆行するなどと，この条例案を可決しようとする維新に対しては多くの批判が寄せられた。批判の矛先は条例案の内容にとどまらず，十分な協議を経ない状態での可決という決定過程にも向けられた。

　条例案の内容に関しては賛否あるが，住民投票の結果を踏まえれば，内容などについてもう少し慎重に検討すべきだったことは確かだ。公明党の協力を取り付けることができるかどうかわからないなかでの焦りがあったとされるが（『産経新聞』2021 年 3 月 27 日付），それでも急いで条例を制定する必要性がどこまであったのかは不明である。説明不足だという批判が寄せられるのは当然といえよう。

　以上の問題とは別に，広域一元化条例をめぐる論争の中で，改めてはっきりと示されたことがある。**それは大阪の自民党が府と市の関係についてどのようなスタンスをとるかである**。たとえば自民党が反対する理由の 1 つに，大阪市の自律性が失われるというものがあった。大阪市には成長戦略や都市計画を行う体制や能力が十分にあるので，わざわざ大阪府に都市計画権限を委託する必要はないというわけだ。

　第 3 章でも説明したように，大阪府と市の独立性の担保は，大阪の自民党が主張し続きた，府市間関係を「調整」するための戦略である。先に述べた自民党の大阪市議などによる，維新に対する批判あるいはスタンスからは，そのような一貫した大阪市の府からの独立に向けた姿勢が垣間見える。

　住民投票の結果はそのような自陣営の主張を正当化するものだと

いう発想が，自民党の市議などにはあったように思われる。2度に
わたる反対多数という結果が明らかにしたのは，大阪の世論が大阪
府と市の一体化など望んでいないという事実だ。そのような考えが
あるからこそ自民党の市議たちは，広域一元化条例の可決に向けた
一連の動きを住民投票の結果を踏みにじるものと批判したのだろう。

　しかし住民投票後に行われた世論調査の結果は，そのような自民
党議員の主張とは整合的ではない。ABC テレビと JX 通信社が
2021 年 1 月 2 日から 3 日にかけて実施した調査の結果では，広域
一元化条例に「賛成」と回答した人の割合は 42.2% だった一方で，
「反対」は 26.0% だった。広域一元化条例が何かわからない状態で
の調査に意味はあるのかという批判もあろうが，府市が一体的に運
営されることについて，住民投票後もなお否定的な認識が抱かれて
いないことを示す結果だといえるのではないだろうか。

　住民投票時の出口調査の結果で，維新に対する否定的な評価は少
なかったことも重要だ。NHK が実施した出口調査の結果によると，
維新による大阪市政・府政運営について，「大いに」「ある程度」を
合わせて「評価する」と回答した人が 7 割以上いたとされる。大阪
市民の多くが，維新の府市一体化に向けた戦略に対して批判的であ
れば，このような結果にはならないだろう。

　大阪市民は住民投票後も，大阪府と市の一体的運営を求めている
のか，それとも自民党市議たちのいうように大阪市が府と棲み分け
る形で行政を運営していくことを求めているのか。この疑問を明ら
かにすることは，**今後の大阪市政のあり方にとどまらず，政治の応
答責任を議論するうえでも重要な意味をもつ。**

　ここでいう応答責任とは，何か問題が起きたときに，時の政権与
党の責任を問うことができる制度や構造が存在するか，ということ

である。責任の所在がどこにあるかという責任帰属の問題だけではなく，政権交代が現実としてどの程度起こりうるかという点からも，応答責任は議論されなければならない。与党に代わる選択肢がないということは，政権交代が起こりにくいことを意味する。問題を起こしても交代しなくてよいのであれば，政府ないし与党は自身の責務を果たそうとしなくなる。つまり世論に応答することなく，好き勝手に振る舞おうとする。

　大阪市政・府政において，応答責任の問題と関わるのは，大阪維新の「対抗馬」である大阪の自民党である。仮に住民投票における反対の選択が，自民党の議員などがいうように，大阪市の独立性への支持を意味するのであれば，その意向を代表する自民党は維新に代わる有力な選択肢となるはずだ。しかし，大阪市民はあくまで大阪府と市の一体的運営を望み，より広域的な「大阪」の利益の代表者を求め続けているのであれば話は変わる。

　住民投票の結果は反対多数となったが，大阪市民は，大阪府と市がどのような関係にあるべきだと考えているのか。次節では 2020 調査（後）を用いてこの点を確認する。

2　継続する府市の一体的運営への支持

　第 2 章などで述べたように，維新が大阪で支持される理由は，維新が大阪府と市の一体的運営を可能としているからというのが，筆者の主張だ。大阪市民の府市間調整に対する問題意識は，維新を支持する態度の中核にある。この点はデータ分析の結果からも裏付けられている。

　たしかに住民投票で大阪市民は大阪市を存続させる道を選択した。

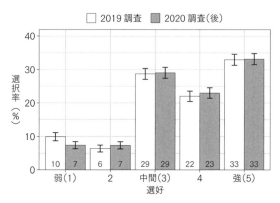

図 9-1　住民投票後の府市一体化への選好

注：図中のエラーバーは 95% 信頼区間である。

しかしこの結果をもって，大阪市民が大阪市の府からの独立を求めていると断言することはできない。大阪市の存続を前提としつつ，大阪府と市が協力しながら広域行政を担っていくべきだと考えている可能性もあるからだ。

　そこで，住民投票後に実施した 2020 調査（後）の結果を確認する。この調査では，第 2 章で分析した府市一体化への選好と同じ質問を尋ねている。第 2 章で示した 2019 調査と比較すれば，住民投票での否決を経て，大阪市民の府市一体化への選好がどのように変化したのかを明らかにすることができる。

　図 9-1 は，府市一体化への選好を尋ねた結果を整理したものだ。質問文の詳細は第 2 章を参照してほしい。

　この図は，住民投票を経てもなお，大阪市民の多くは継続して府市の一体的運営を望んでいることをはっきりと示している。2019 調査も 2020 調査（後）も，ともに多くの大阪市民は，大阪府と市

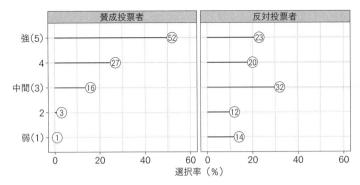

図9-2　投票選択と府市一体化への選好の分布の関係

はバラバラであるよりは一体であるほうがいいと考えており，住民
投票後もこの傾向は変わっていない。

　先に述べたように，JX 通信社などが実施した世論調査の結果は，
相対的には多くの大阪市民が広域一元化条例を肯定的に評価してい
ることを明らかにするものだった。図 9-1 の結果は，なぜそのよう
な調査結果となったのかを説明するものでもある。都市圏の広さな
どから，大阪市民は府市がバラバラになるよりは一体的に運営され
ているほうが好ましいと考えているわけだ。

　住民投票における投票選択と府市一体化への選好の関係を分析す
ることで，大阪市民が反対に投票したことの意味は，より明瞭とな
る。図 9-2 は賛成に投票した人と反対に投票した人に回答者を分け
たうえで，府市一体化への選好の分布を整理したものだ。左側の図
が賛成に投票した人の府市一体化への選好の分布であり，右側の図
が反対に投票した人の分布となっている。

　まずは賛成に投票した人の結果から確認しよう。図 9-2 左側の図
を見ると，賛成投票者の 8 割近くが府市の一体的運営の必要性を認

識しているという結果である。もっともこの結果は，維新への支持
は府市一体化への選好に支えられているという第2章の知見に照ら
せば当然の結果といえる。

　次に右側の反対に投票した人の結果を確認する。左側と異なり，
反対に投票した人の中には，府市の一体的運営に否定的な人が一定
数いる。「強い非同意（弱 [1]）」と「非同意 (2)」の選択率を合わ
せると26%であり，これは賛成投票者のそれ（4%）より明らかに
大きい。しかしもっとも選択されているのは中間回答である。さら
に肯定的な評価をしている人のほうが，否定的な評価をしている人
より多い。

　以上の結果を踏まえるなら，**反対多数という住民投票の結果が，
大阪市の府からの独立性を求める世論の表れだと解釈することは難
しい。**反対に投票した人の多くも府市の一体的運営を望ましいもの
と考えているからだ。

　自民党は一貫して，大阪市民の多くが府市の一体的運営を求める
なか，大阪府との「棲み分け」を図りながら，大阪市の府からの独
立性を強調し続けた。そのようなスタンスの自民党は，大阪市民に
どのような形で評価されているのか。次節では筆者が2020調査
（後）に組み込んでいたサーベイ実験の結果を分析し，選択肢とし
ての大阪自民の可能性について，検討することにしよう。

3　次期大阪市長選を舞台とする実験

　筆者は2020調査（後）に，次の市長選で誰に投票するかを尋ね
るサーベイ実験を組み込んでいた。以下の質問文中の括弧内の文言
の変化が，投票選択にどのような影響を与えるのかを分析するため

の実験である。括弧の中には「大阪維新の会の候補者」「大阪維新の会の松井一郎」「自民党大阪府連の候補者」「自民党大阪府連の北野妙子」のうち，いずれか1つがランダムに入る。選択肢は「投票する」「投票しない」の2択である。

> 次の大阪市長選についてお聞きします。仮に（大阪維新の会の候補者／大阪維新の会の松井一郎／自民党大阪府連の候補者／自民党大阪府連の北野妙子）が大阪市長選に候補者として擁立された場合，あなたはこの候補者に投票しますか。

　文言のパターンは「政党のみを表示する」場合と「政党名と候補者名の両者を表示する」場合の2つに分けられる。したがって，政党名（維新 vs. 自民）が提示された群を比較することで，政党の変化が投票選択に与える効果がわかる。さらに政党名と政党＋候補者名（維新 vs. 維新＋松井／自民 vs. 自民＋北野）を比較することで，候補者名が投票選択に与える効果がわかる。

　この実験で提示したのは松井と北野という，賛成派と反対派の中核にいた人物である。テレビメディアに多数出演していたこともあり，2人とも認知度は高く「知らない」人は少ないと考えられる。

　特にこの実験のポイントとなるのは北野の効果だ。北野は反維新陣営の中核にいた人物であり，いわば反対多数という結果を勝ち取った立役者だ。この点にくわえて，メディアに出演するほど好感度が上がる単純接触効果があるなら，北野の評判は住民投票を通じて高くなっていると予測することができる。少なくとも拒否されるようなことはないはずだ。

　図9-3は全回答者を対象にした実験結果を整理したものだ。まず

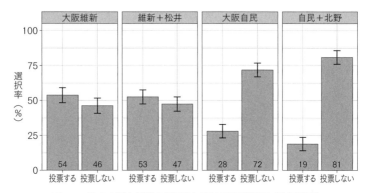

図 9-3　次の大阪市長選の投票先に関する実験結果（全回答者）

注：図中のエラーバーは選択率の 95％ 信頼区間である。

「大阪維新」の候補者が示された場合，投票すると回答した人は約 54％，「維新＋松井」の場合は 53％ である。両群の賛否の分布にはほとんど差はない。住民投票の結果は反対多数であったが，それにもかかわらず，自民よりは維新に投票すると回答している人が半数近くいる。

　その一方で「大阪自民」群の結果を見ると，投票すると回答した人は 28％ しかいない。「自民＋北野」になるとさらに選択率は低下し，19％ となる。北野が表示される場合のほうが，されない場合よりも 9％ ほど投票選択確率は低くなるということは，北野は全体として，肯定的ではなく否定的に評価されていることを意味する。

　賛成に投票した人が北野を否定的に評価するために，図 9-3 のような結果になったのかもしれない。この点を確かめるために，住民投票で賛成に投票した人と反対に投票した人に分けたうえで，再度，文言が変わることの効果を分析した。

　図 9-4 は，賛成投票者と反対投票者に回答者を分けたうえで，文

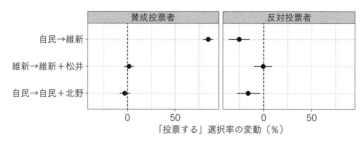

図 9-4　次の大阪市長選の投票先に関する実験結果（賛成／反対投票者別）
　注：図中の選択率の変動はいずれも「→」の左側を参照基準としたときの，「投
　　　票する」選択確率の変動であり，横棒はその 95％ 信頼区間である。

言の変化が投票選択に与える影響を分析したものだ。左側の図が賛
成に投票した人を対象とする実験結果であり，右側の図が反対に投
票した人を対象とする結果である。左側の文字は，どの文字からど
の文字へと変わった場合かを示すものである。たとえば「自民→維
新」だと，「大阪自民」が示された実験群と「大阪維新」が示され
た実験群を比較した結果を示していることになる。

　左側の賛成に投票した人を対象とした結果から確認する。まず，
自民から維新へ政党名が変わると投票確率が約 84％ 上がる。松井
や北野といった個人名が示されても，そこへの反応の効果は有意で
はない。あくまで維新かどうかが判断基準となっているようだ。賛
成に投票した人の中には，当然，維新を支持する人が多い。また第
3 章で論じたように，維新支持者の多くは，維新ラベルに強く反応
する。左図の結果はこれらの知見と整合的である。

　次に右図にまとめた反対に投票した人の実験結果を確認する。第
1 に「自民→維新」と文言が変化すると 25％ ほど投票確率が下が
る。これは，自民が表示されると投票確率が 25％ 上がるというこ

とでもある。反維新陣営の中核に多数の自民党議員がいるので当然の結果といえるが，左図と比べると小さな効果である。第2に北野の効果である。「自民→自民＋北野」となった場合，投票確率は約16％低下する。増えるのではなく減っている。

先に述べたように図9-3は，反維新陣営の中核におり，メディアに頻繁に出演していた北野が肯定的に評価されているわけではなく，否定的に評価されていることを示す結果である。**図9-4は，その否定的な評価が，賛成に投票した人ではなく反対に投票した人によるものであることを明らかにしている。**

紙幅の都合上詳細は割愛するが，補足的な分析として，投票選択ではなく「大阪における支持政党」の質問を用いて回答者を分けたうえで，大阪の自民党を支持する人が「北野」にどのような反応をするのかも分析した。その結果は，「自民党」から「自民党＋北野」と変化した場合，投票確率が23％低下するというものだった。大阪の自民党を支持する人でさえ，北野を肯定的に評価していないということだ。

北野個人ではなく自民党についてはどうか。図9-4を見ると，反対に投票した人のうち，いくらかは維新よりも自民を肯定的に評価している。しかし自民党が投票選択に与える影響力は大きくない。少なくとも賛成に入れた人を対象とする実験結果と比較すると，政党ラベルの影響力は小さい。維新を支持する人は維新という政党のラベルに反応しやすい一方で，自民党支持者はそうではないことは，前著でも明らかにしている（善教将大『維新支持の分析――ポピュリズムか，有権者の合理性か』有斐閣，2018年，第5章）。その傾向は今日においても変わらない。

いずれにせよ**図9-3や図9-4に示す実験結果は，大阪の自民党や**

反対運動の中核にいた人物が，維新に代わる選択肢として認識されていないことを明らかにしている。次節ではこの背景にある大阪の自民党に対する不信の実態を明らかにする。

4　根深い大阪自民への不信

　大阪の自民党は，住民投票で反対に投票した人の中においてさえ「信に足る」存在になりきれていない。大阪市民の中に根深い自民党に対する不信が存在するということだ。

　それぞれの政党に対する評価は，第 3 章や第 8 章で用いた感情温度によって，ある程度だが把握することが可能である。各政党への感情温度は住民投票後に実施した 2020 調査（後）で尋ねている。維新と自民に対する感情温度平均値を分析することで，改めてこの自民党への不信の一端を確認することにしよう。

　図 9-5 は「日本維新の会（国政維新）」「大阪維新の会（大阪維新）」「国政の自民党（国政自民）」「大阪の自民党（大阪自民）」のそれぞれに対する，全回答者の感情温度平均値を整理したものである。図中のエラーバーは，感情温度平均値の 95% 信頼区間である。感情温度は「どちらでもない」中間が 50 度なので，この図では 50 度に破線を引いた。この破線を上回っている場合，その政党ないし集団は，平均的に大阪市民に好まれていることになる。

　図 9-5 を見ると，維新は「国政維新」より「大阪維新」のほうが好まれているようだ。第 1 章や第 3 章の政党支持のねじれで紹介したように，国の政治か大阪の政治かで，維新の支持率は大きく変化する。その知見を踏まえれば妥当な結果といえよう。ただし大阪維新は，相対的には好まれているといえるが，感情温度の平均値が

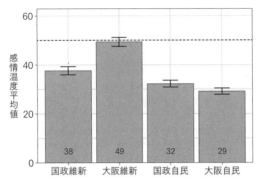

図9-5 維新と自民に対する感情温度

注：図中のエラーバーは感情温度平均値の95%信頼区間
である。感情温度は欠損値が多いため多重補完法により
欠損値を補完したうえで平均値などを推定した。

50度を上回っていない。相対的には支持される一方で，維新には根強い「不支持者」が多く，その人たちの維新に対する感情温度が低いために，50度を下回る結果となる。

自民党への感情温度は維新と異なり，「国政自民」が「大阪自民」よりも相対的に高いという結果になっている。しかし維新ほど国と地方の間に，感情温度平均値の差がない。国政でも大阪の政治でも，自民党はやや低く大阪市民に評価されているということだ。より地元に身近なほうが好まれやすいことを仮定するなら，自民党も維新と同じく，「国政自民」より「大阪自民」に対する感情温度平均値のほうが高くなるはずだ。しかし図9-5は逆に身近であるはずの「大阪自民」に対する感情温度のほうが低いことを明らかにしている。

この点を詳しく分析するために，住民投票の投票選択と各政党に対する感情温度の関係を分析した。その結果を整理したものが図

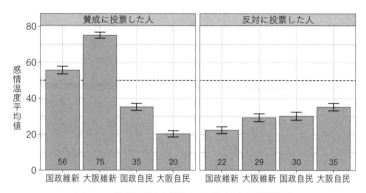

図 9-6　投票選択別の維新と自民に対する感情温度

注：図中のエラーバーは感情温度平均値の 95% 信頼区間である。感情温度は欠
　　損値が多いため多重補完法により欠損値を補完したうえで平均値などを推定し
　　た。

9-6 である。左側の図は住民投票で賛成に投票した人の各政党に対
する感情温度平均値をまとめたもので，右側の図は反対に投票した
人の感情温度平均値をまとめたものだ。

　賛成に投票した人は，全体として自民よりも維新を好ましく感じ
ている。大阪で維新を支持する人の多くが賛成に投票しているので，
「大阪維新」の感情温度平均値は高い。しかし賛成に投票した人の
中には，維新を支持するわけではない無党派層や維新以外の政党を
支持する人も多く含まれる。そのような人たちも含めて賛成に投票
した人は全体として，「大阪維新」を好ましく，逆に都構想に反対
してきた「大阪自民」を好ましくない政党とみなしているようだ。

　その一方で反対に投票した人は，相対的には「大阪自民」をもっ
とも好ましく感じてはいるものの，その感情温度平均値は 50 度を
下回る。絶対的な基準からいうと，賛成だけではなく反対に票を投
じた人も，「大阪自民」について好ましく感じていないということ

だ。反対に投票した人を対象にしたときの,「大阪維新」の感情温度平均値は 29 度,「大阪自民」の感情温度平均値は 35 度である。両者の差は 6 度しかない。「大阪維新」も「大阪自民」も, 好ましい対象と認識されていないということだ。

　以上の結果は, 賛成に投票した人だけではなく反対に投票した人においてさえ,「大阪自民」に対しては根強い不信があることを明らかにするものだといえる。住民投票の結果が反対多数となってからも, 大阪市民の中の自民党に対する不信感は払拭されていない。国政では圧倒的に強い存在であるにもかかわらず, 大阪の政治では, 自民党は維新に代わる選択肢になりきれていない。

5　大阪自民は信を勝ち得たか

　ここまでの分析結果から明らかになったことを一言でいえば, 2 度にわたる反対多数という経緯を経てもなお, 大阪の自民党は大阪市民から支持すべき政治集団とみなされてはいないという事実だ。それは大阪の自民党が, 維新に代わる選択肢として十分に機能していないということを明らかにしている。

　大阪維新に代わる選択肢の不在という問題は, 大阪市政・府政にこの数年間, 横たわり続けていた問題だった。大阪市民は集合的な利益を重視すべきという判断などにもとづき, 大阪府と市の一体的運営を評価する。大阪市民は 2 度にわたり都構想に「No」を突き付けたが, それは府市間調整の必要性まで否定するものではない。

　広域一元化条例をめぐる論戦の中で明らかになったように, 大阪の自民党は住民投票後も一貫して, 大阪の自律性を確保することにこだわり続けている。大阪市と府の領分を棲み分け, 相互に干渉し

ないように「調整」する。それが大阪市の利益の最大化をめざす彼らの戦略であり，自治を求める彼ら彼女らの信念なのであろう。そのこと自体は否定されるべきではない。しかし，それがいかなる帰結をもたらしているかについては，真剣に検討する必要がある。

　住民投票での反対が大阪市の自律性をめざすべきという意思の表れなら，大阪の自民党の戦略にはなんら問題はない。むしろそうすることこそが望ましいし，維新もそのように振る舞うべきとなろう。しかし図9-2などの結果から判断する限り，その可能性は低い。住民投票で反対票を入れた人でさえ，大阪の自民党を低く評価している背景には，そのような自民党のスタンスがあるように思われる。

　2度にわたる住民投票が明らかにした大阪市政・府政が抱える課題は，まさにこの点にある。自民党は一貫して「大阪」の代表者を拒否し，府市の独立性を主張し続けた。それは維新に代わる選択肢の不在を，自民党が作り上げるに等しい行為といえる。**維新が応答責任を果たさなくていい状態を，自身が作り上げているのだ。**

　もちろん，それは維新以外の政治家や政党がだらしないからだとか，資質がないからだとか，そういうわけでは決してない。「大阪」の利益を追求する主体から自民党を遠ざけようとする構造的要因が存在する。だから大阪の自民党は府市の一体的運営をめざさないし，めざす必要がないと考える。

　そのような構造的要因として指摘しなければならないのは地方議会の選挙制度である。具体的には中選挙区制が自民党に，そのようなスタンスを固持する誘因を与えている。地方議員を選出するためのルールである選挙制度は，議員の行動に強い影響を与える。第3章で指摘したように，中選挙区制は議員個人の自律性を高める方向に政治家を誘う。その結果，政党がもつ利害調整機能は弱体化し，

代わって議員それぞれが個別具体的に関心を寄せる利益や対象との結合関係を強める。大阪の自民党が政党を機能させ,「大阪」の代表者となる道を拒絶し続けている背景には,相応の事情がある。

　もちろん,選挙制度がすべてを決めるわけではない。実際に維新は政党を媒介に,大阪府と市の選好を一致させてきた。現行の選挙制度のもとでは,維新に変わる選択肢になることが不可能といいたいわけではない。しかし維新が「大阪」の利益を強調する一方で,それ以外の政党が大阪市の利益を強調する状態が固まりつつあるなか,現行制度のもとで自民党が政党を機能させることがどこまでできるかは疑問だ。

　同じ制度であっても,いかなる戦略が最適かは当該政党がおかれている文脈に依存する。かつての55年体制で社会党や共産党は,与党である自民党が国政で多数派となり続ける一方で,自民党に代わる与党となることを放棄し,一部の支持者に支えられる野党であり続けた。それと同じ道を大阪の自民党は歩もうとしているのではないか。

　ここで強調しておかなければならないことは,**大阪の有権者は,あくまで「大阪」の利益の代表者を選択しているに過ぎないということ**だ。他に有力な選択肢があれば,維新以外の選択肢を間違いなく選ぶ。住民投票が2度にわたり否決された事実は,その証左である。大阪の政治に深刻な問題があるとするならば,その原因は「市民社会」にあるのではない。「政治」にあるのだ。

　自民党などが主張する大阪府と市の棲み分けは,見方を変えれば自身は政治を放棄するという主張でもある。大阪府と市の連携を否定する必要はない。「大阪」の代表者としての道は,維新の進もうとする道以外にもある。自民党が「大阪」の利益を重視するなら,

維新知事と自民市長のように，首長の党派性が異なっていても大阪府と市の協調関係を構築可能な道も拓ける。

　重要なのは，維新に代わる選択肢が存在すること，言い換えれば「政治」が機能することだ。選択肢の不在は「政治」の側の問題である。あるいは，そのような方向へと政治的主体を誘因づける制度の問題である。問題の根がどこにあるのかを見誤ると，解決までの道のりも遠くなる。

　維新に代わる選択肢の不在は，維新の応答責任を低下させ，大阪市民を不幸にするだけだ。与党に対抗する野党がいなければ政治が機能不全に陥るのと同様に，維新に代わる選択肢の不在という課題が残されている現状に，問題がないとはいえない。

　もちろん政治に絶対はない。一寸先は闇だ。維新に対する支持が何らかの原因で下がり，その結果，維新以外の政党が大阪市政・府政を担う可能性は十分ある。しかし，偶発性に依存する交代よりは，常に交代の可能性が存在する政治のほうが，応答責任は担保される。そのためには何が必要かを考えなければならない。

6　ま と め

　本章では府市一元化条例における議論を手がかりに，住民投票後に残された課題の1つである選択肢の不在という問題を議論した。住民投票後に実施した調査結果が明らかにしたのは，変わらず続く維新への支持という実態のみならず，2度の住民投票を経てもなお，大阪自民に対する根深い不信が存在し続けていることだった。

　大阪市民は大阪自民を維新に代わる重要な選択肢として見ていない。維新に代わる選択肢を作っていくことは，住民投票後の大阪市

政・府政に残された重要な課題だ。

　その解決策の1つは政党を機能させることだ。大阪府と市の利害調整は，政党で首長と議会の選好を拘束するからこそ可能となる。維新とは異なる形での「大阪」の代表者をめざせば，維新の有力な対抗馬になりうる。

　しかし現行の制度的構造のもとで，それが可能だということは難しい。政治家や政党に与えられている誘因構造を見直すことも含めて，どのように課題を解決するかを考えなければならない。

　地方政治における政党の位置づけに関しては否定的な見解も多い。しかし政党を無下に否定するのではなく，その可能性について検討する見方もあることを，本書は主張する。

Column⑥　維新を支持する人に聞いてみた⑵

　――大阪で支持される維新ですが，2回目の住民投票でも反対多数になりました。まず1回目と比べて2回目の協定書について，お考えをお聞かせください。

Aさん：中身も経緯も，2回目のほうが良かったと思います。公明党が要求することを取り入れたのが，結果的に説明のしやすさに貢献した。移行準備期間も長くなった。推進側の，この協定書に賛成しても大丈夫ですという説明力は上がったと思います。ただ，法定協の外枠というか，もっと学識者とかデータを取り入れるような場があるべきだった。それこそ公金を使って出す反対側の報告書が別にあってよかった。検討材料として投票する有権者に見せたらよかったと思います。反対派の報告書もあったら五分五分で話しできたと思う。

Bさん：1回目と2回目で違う点の1つとして，特別区の中をさらに地域自治区で分けるような制度を作って，今の24区制を維持

するような仕組みがありました。全体としても基礎自治重視な印象をもったので，私は1回目よりも2回目のほうを評価しています。ただ2回目も，2019年のダブル選挙の前後で様相が変わった。1回目と同じように政治的要因を乗り越えないとできなかった感じもしているので，そこについては，うまく議論を進める方法はなかったのだろうかという思いはあります。

——結果は反対多数となりました。その原因についてはどのようにお考えでしょうか。

Aさん：事前の世論調査の流れからですが，2回目は直前まで僅差で賛成派が逃げ切る可能性があると思っていました。結果を受けて，賛成派のやり方がまずかったと思っています。勝っていたのを覆されたわけだから，賛成派のオウンゴールというか失敗です。反対派の力というよりも賛成派の失敗だと思っています。

Bさん：住所が変わってしまうのは嫌だということなのかと思いました。大阪市がなくなって，5つなり4つの特別区になる，そして住所が変わってしまう。そこがどうしても，多数の人に受け入れてもらうことができなかったのではないかと。大都市制度を変えるというのは，相当長期的な計画を立てて地道に活動しないと厳しいと思います。

——大阪市と大阪府の，あるいは維新のコロナ対策をどう評価していますか。

Aさん：広域で対応しないと。ベッドタウンの市町村と，人が入ってくる都市部で別々にやるよりは，広域でやったほうが合理的。関西広域連合がもっと動いてもいい。第3波までは及第点というか，できることはしていると思っていました。今はまったく追い付けてない。結果だけを見れば失敗ということになると思います。しかし，医療制度のナショナルミニマムでやっているようなものまで，

大阪府に責任を負わせるのはおかしい。感染者数や死者数の結果を，地方政治だけの問題にしてしまうと，大阪以外の地方も損をする。国が保健衛生に福祉をミックスして高齢者政策にシフトし過ぎたのが間違い。

Ｂさん：コロナのような感染症対策は，市町村レベルになると細か過ぎて，逆にデメリットというか，オーバーヘッドがかかってしまう。大阪府に一元化して感染症対策をやるという方針は間違っていないと思います。1つ思うのは，首長がもし別の人だったらどうだったかという話がありますけど，私はほとんど状況は変わっていないだろうと思います。そういう意味で，知事の責任だとか，知事が辞めればみたいな主張は違うと思います。もっと長期的，それこそ国とか厚生労働省の話になるはずです。

──これからの維新の課題について，どのようにお考えでしょうか。

Ａさん：候補者の質と組織としてのガバナンスです。身を切ることを掲げているからか，少し風変わりな人や経済力はあるが市民感覚とかけ離れた人が候補者になったりする。そもそも党として身を切ると掲げていると人が集まりにくいのかも。あと，ピラミッドの上の一部が何か決めるみたいなところがあるように見えます。維新の議員から見ても，意思決定過程がわかりにくいのでは。有権者の信託を受けた議員なら過程も知っておくべきです。それと有権者には改革疲れみたいなものもあり，都構想も多分，関係している。有権者のそういう気持ちはくんでほしいと思います。

Ｂさん：都構想が2回，住民投票で否決されたことを受けて，今後の大阪をどうしていきたいのかという発信に力を入れてほしいです。今は新型コロナウイルス対策の問題もあるので難しいのかもしれませんが。政治団体大阪維新の会として，これからの大阪市と大阪府について，このあとはどういう方向に進んでいきたいのかというアピール。都構想の住民投票は当面できないと思っているので，

それ以外のやり方でどうしたいのかということをアピールしてほしいです。今，大阪市と大阪府の間で実行できていることを，他の市町村でもやりますというシンプルな主張でもいいと思っています。ただ，そういうシンプルな主張でさえ，今はコロナの問題もあってなかなか聞こえてこない感じがあります。

あとがき

　本書は維新政治をめぐる有権者の政治選択について，意識調査を用いた数量的な分析から明らかにすることを目的としたものである。関西圏，とりわけ大阪で維新は多数の有権者に支持されている。この状況は住民投票後も大きくは変わっていない。しかし大阪市民は2015年に引き続き，2度も都構想に「No」を突きつけた。住民投票の実施が確定した当初，大阪市民の多くは都構想に賛成していた。しかし最終的には反対を選択した。維新を支持する一方でその支柱にある都構想には反対する。この謎を解き明かすことが本書の課題だった。

　以下，第I部から第III部までの流れを簡単に要約することにしよう。

　第I部では大阪で維新が支持される背景を説明した。府市間の利害調整に失敗し続けた既存の政治への不満と，府市の一体的運営への期待が維新支持の源泉となっている。もちろん常に大阪府と市が一体となればいいわけではない。重要なのは，自治体間の利害を調整する際に政治が重要な役割を果たすこと，そして維新がこの点に関して強みをもつことだ。これは，大阪で維新が支持される理由であると同時に，2019年の大阪クロス選で維新が勝利した主要因でもある。

　このように維新は府市間の調整主体として一定の成功をおさめた。しかし逆説的ではあるが，この実績が都構想実現に向けての足枷となった。都構想は，府と市の意思決定のズレの解消を目的の1つとする。しかし維新が大阪府知事と市長を掌握し，大阪市会と府議会

の最大会派となることで，この問題は概ね解決された。政党を機能させることで解決できるのになぜ大阪市を廃止するのか。この疑問に対する説得的な解答が松井から発せられることは最後までなかった。だからこそ一部の大阪市民が態度を変え反対に投じた。第 II 部で明らかにしたのは，そのような大阪市民の選択だった。

第 III 部では大阪における維新政治を通じて見えた課題を検討した。維新 vs. 反維新という激しい政治闘争は市民間の分断を生み出したとされる。しかしそれ以上に重要な問題として，応答責任の欠如があることを指摘した。対抗勢力が有力な代替的選択肢ではなくなるとき，特定の政治勢力が権力の座を保持し続ける状態が生まれる。維新政治により明らかとなった課題は，維新に代わる有力な選択肢の形成を制度が阻害し続けている実態だ。

地方議会の選挙制度は，個々の議員の自律性を高めることの裏返しとして，議員間の協調や連帯を阻害する。このことは大阪の自民党が府市の独立性を強調してきたことや，同じ政党所属の議員でもまとまりにくいことと無関係ではない。もちろん選挙制度の理論からいえば，自律性を強調する自民党のほうが自然である。しかし繰り返すが，それが結果として地方で政党が機能しづらい状態を作り出しているのである。

＊ ＊ ＊

本書の企画を有斐閣の岡山義信氏から打診されたのは，2020 年の 11 月上旬，住民投票の結果が判明してすぐのことだった。筆者としては 2018 年に上梓した前著をもって，維新支持の分析には区切りをつける予定だった。他に抱えている研究課題もある。しかし，

なぜ再び反対多数になったのかという謎を解明したいという強い思いがあり，二つ返事で本書の執筆をお引き受けした。

　当然のことだが本書には多くの限界と課題がある。数量的な分析結果が常に正しいわけではないことは序章でも述べたとおりだ。どこまで説得的な議論を展開できているか心許ないが，それでも本書は，維新をめぐる世論や住民投票の結果が再び反対多数となった理由についての理解を深めるものだと確信している。

　本書を通じて伝えたかったことを2点述べておきたい。1点目はデータにもとづくことの重要性である。世論は一般に，視認できず，複雑怪奇で，つかみどころのないものである。維新をめぐる世論に関するさまざまな通説が存在することはその裏返しだが，だからこそ，その実態解明にあたってはデータを重視してほしい。データにもとづき考えることは，より妥当な形での実態把握のみならず，自身の見識を見つめ直したり，広げたりするきっかけにもなる。それは，人文社会科学の研究が役立つのかという問いへの筆者なりの回答でもある。

　2点目は有権者の政治選択への理解を深める必要性である。維新を支持する人を「大衆」とし，愚かだと蔑む人がいる。維新が多くの問題を抱えることは事実である。維新を熱心に支持する人の中でさえ，維新のあり方に頭を悩ませている人がいる。しかし大阪市民は，一方では維新を支持するが，他方では都構想に反対する冷静さをもつ。筆者としては市民社会を嘆くのではなく，その可能性を信じる道があることを指摘したい。そうすることによって政治的アクターだけではなく，彼ら彼女らに与える誘因を形作る制度にも問題があることに気づけるようになる。

　本書は地方議会の選挙制度が，地方政治の応答責任を毀損してい

ることを指摘する。もちろん制度を変えれば万事うまくいくわけではない。しかし現状が深刻な問題を抱えているのであれば，それを変える策を検討する必要はある。現状は維新を支持しない人たちだけではなく，維新を支持する人にとっても望ましい状態とはいえない。現状を変えるためには何が必要か。本書がそのヒントを提供するものとなれば幸いである。

　本書の執筆にあたっては多くの方のお世話になった。まずは本書の草稿を詳細にレビューしてくださった砂原庸介先生（神戸大学）と坂本治也先生（関西大学）に感謝申し上げたい。両先生からいただいた多くのコメントは，いずれも議論の問題点を的確につくものであると同時に，改稿に向けての方向性を明確化するものだった。メディアに関するコラムの内容を確認してくださった稲増一憲先生（関西学院大学），意識調査の実施をご支援くださった福元健太郎先生（学習院大学），前著に引き続き本書の編集作業を担当してくださった岡山氏にも感謝申し上げる次第である。

　さまざまな学会や研究会，そして一般の方が開催してくださった勉強会で得られたコメントも有益だった。とりわけ 2019 年度日本選挙学会の書評セッションで前著を取り上げてくださったこと，および書評セッションを通じて多くのコメントをいただけたことは，維新支持の研究を進めるうえで重要だった。セッションを企画してくださった西川賢先生（津田塾大学），討論者である西澤由隆先生（同志社大学），竹中佳彦先生（筑波大学），伊藤武先生（東京大学）に感謝したい。また勉強会を企画・提案してくださった井上不二子さん，インタビュー調査にご協力くださった匿名の 2 名の方，そして大阪市行政委員会事務局選挙部選挙課の方にも感謝申し上げたい。

　その他，ここまで名前をあげていない多くの方からも筆者の研究

に対してさまざまなコメントや励ましをいただいている。紙幅の都合上，名前をあげることができないことを，お許しいただきたい。

　最後に筆者の研究を日々支え続けてくれている妻晴香と，息子である行憲と明憲，そして昨年生まれた娘である稔里に，筆者のわがままのせいで寒空の下，なんばパークスで長時間待機するはめになってしまったことを謝罪し，本書の締め括りにかえることとしたい。

　2021 年 10 月

善教　将大

付記：

　本書は，科学研究費助成事業基盤研究（C）（課題番号 18K01418），および基盤研究（A）（課題番号 19H00584）による研究成果の一部である。

索　引

❖ 著者紹介

善教 将大（ぜんきょう　まさひろ）

2006年，立命館大学政策科学部政策科学科卒業
2008年，同志社大学大学院総合政策科学研究科博士課程前期課程修了
2011年，立命館大学大学院政策科学研究科博士課程後期課程修了，
　　　　博士（政策科学）
現　在，関西学院大学法学部教授
専門は，政治行動論，政治意識論，政治学方法論
主　著：

“Making the Veil of Ignorance Work: Evidence from Survey Experiments,”
　　（with Akira Inoue and Haruya Sakamoto）in *Oxford Studies in
　　Experimental Philosophy,* Vol. 4, 2021: 53-80.

“Do Populists Support Populism? An Examination through an Online
　　Survey Following the 2017 Tokyo Metropolitan Assembly Election,”
　　（with Takeshi Hieda and Masaru Nishikawa）*Party Politics,* 27 (2),
　　2021: 317-328.

「政治参加——なぜ私たちは参加したくないのか?」坂本治也・石橋章市
　　朗編『ポリティカル・サイエンス入門』法律文化社，2020 年：48-64。
『維新支持の分析——ポピュリズムか，有権者の合理性か』有斐閣，2018 年。
「都構想はなぜ否決されたのか」『レヴァイアサン』59，2016 年：59-79。
『日本における政治への信頼と不信』木鐸社，2013 年。

大阪の選択——なぜ都構想は再び否決されたのか
*The People's Choice: Why Did the Citizens of Osaka Oppose the Osaka
Metropolis Plan Again?*

2021 年 11 月 10 日　初版第 1 刷発行
2021 年 12 月 30 日　初版第 2 刷発行

著　　者　善　教　将　大
発 行 者　江　草　貞　治
発 行 所　株式会社　有　斐　閣

郵便番号　101-0051
東京都千代田区神田神保町 2-17
http://www.yuhikaku.co.jp/

印刷・株式会社三陽社／製本・大口製本印刷株式会社
© 2021, Masahiro Zenkyo. Printed in Japan
落丁・乱丁本はお取替えいたします。
★定価はカバーに表示してあります。
ISBN 978-4-641-14939-7